THE COMMON GOOD

ROBERT B. REICH

# コモングッド 共益、公共善、良識

## 暴走する資本主義社会で倫理を語る

ロバート・B・ライシュ

雨宮 寛／今井章子〔訳〕

東洋経済新報社

わが親愛なるペリアンへ

Original Title
*THE COMMON GOOD*
by Robert B. Reich


Japanese translation published by arrangement with
Robert B. Reich c/o ICM Partners acting in association
with Curtis Brown Group Limited through The English Agency (Japan) Ltd.

# はじめに

ジョン・F・ケネディが「国があなたのために何ができるかを問うのではなく、あなたが祖国のために何ができるのかを問うてほしい」と訴えたとき、私は感受性豊かな一四歳の少年だった。その七年後、私は、ケネディ大統領の弟ロバート・F・ケネディ上院議員の事務所で夏のインターンをすることになった。お世辞にも華やかな仕事とは言えず、自動署名機を操作するように言われて幸運に感じた程度であったが、それでも、自分は非常にささやかな形で国のために役立つことをしているのだと自らに言い聞かせていた。

これが半世紀前のことである。アメリカはあのころよりはましな国になったと言いたいところだがそうもいかないようだ。確かに生活は便利になった。五〇年前にはATMもスマートフォンもなかったし、最初の本を出すときはタイプライターを使ったものだった。今の人はみな、かつてないほど親切で寛容だ。地域でボランティアをしたり、寄付をしたりして、互いに助け合うし、災害や非常事態の際にも協力を惜しまず、困った人がいれば助けに駆けつける。アフリカ系アメリカ人や女性や同性愛者も、半世紀前には与えられていなかった法的諸権利を獲得し、アメリカ社会はより包摂性が高くなっている。それでも、私たちの市民生活、つまり民主主義社会における市民としての、もしくは経済活動の一員、企業の重役や従業員、あるいは組織のメンバーやリーダーとしての生活は、あのころと比べると著しく劣化した。現代の市民社会は互いがつながっているという感覚を失い、理想をも失ってしまった。ケネディ大統領が人々に求めた、人々が国のために何ができるかを問うような、そんな理想の「アメリカ」を。

一九七〇年代以降、アメリカ人はコモングッドについてあまり語らなくなり、自分の権利を拡大することにこだわるようになった。（第二次世界大戦に従軍した兵士やそれを支えた人々を称賛する）「最も偉大な世代（Greatest Generation）」から「個人主義の世代（Me Generation）」へのシフト、「みんなで一緒に（we're all in it together）」から「それぞれの裁量で（you're on your own）」へのシフトはこの時代の特徴だ。一九七七年、自己啓発本で有名なロバート・リンガーは『人間の迫力』（*Looking Out for #1*）で自分本位に考えることを説き、『ニューヨーク・タイムズ』紙のベストセラーリストの一位になった。一九八七年の映画『ウォール街』では、主人公ゴードン・ゲッコーと彼の有名なセリフ「欲は、言葉は悪いかもしれませんが、善なのです」によって、新しい価値観が描かれた。

この五〇年はまた、政府、メディア、大企業、大銀行、警察、大学、慈善団体、宗教団体、専門家集団など、社会の基盤をなす様々な制度や組織に対する、冷笑や不信が増大した時期でもあった。システム全体がもはや期待されたようには機能していないという感覚が広く蔓延している。無視され、無力だと感じているアメリカ人はますます増えている。中には貧しい人もいれば、黒人やヒスパニックもいる。何年間も経済的に下降し続けている白人もいる。中間層の多くもストレスにさらされ発言力を失っている。自らを民主党員と認ずる人も、共和党員だという人も、リベラル派も保守派も、みな一様に不安を抱え、似たような不信感を募らせている。私たちはみな、対立する主義主張ごとの種族に分断され、その中でもさらに小さな種族に分裂させられてしまった。ケネディ大統領が国民に、私たちみんなの幸せのために貢献するよう訴えたのが、はるか昔のことのようだ。現代の私たちは、同じ社会の一員として負うべき義務について、もはや話し合うこととすらない。

本書を書いている（訳注：原書刊行年は二〇一八年）この私は七〇代で、目下の大統領はドナルド・トランプだ。いろいろな意味でトランプは、アメリカの何が間違った方向へ行ってしまったのかを体現している。だが、これだけははっきり述べておきたいのだが、トランプが「原因」なのではない。彼は「結果」である。この国で何年もかけて進行してきたことの論理的帰結なのだ。彼が大統領選に出馬できたのも、社会に不安が蔓延し政治経済への不信が高まったからだ。いろいろな見方はあろうが、少なくともトランプは国民をアメリカの原理へと立ち返らせた。ロナルド・レーガンのような大統領たちは、政府の規模と役割はどうあるべきかを人々に提起したが、トランプは人々を、民主主義か独裁かの議論に巻き込んだ。ビル・クリントンのような大統領たちは、どうすれば自分たちを最大限に活かすことができるかという論争を喚起したが、トランプは、持ち前の好戦的な性格と彼が火をつけた国民間の不和によって、アメリカ人同士をつなぐ絆とは何か、アメリカ人が共通して持っているものとは何かという問題を突きつけた。

そこで本書である。

私たちをアメリカ人として束ねるようなコモングッド[1]（共益、公共善、良識）というものが、はたして今もあるのだろうか。私たちがどのくらい道からそれてしまったかの目安となる「コモングッド」は、はたして存在するのだろうか、さらにいえば、そのことを問う必要すらあるのだろうか。今日、私たちをつなぐ絆は肌の白さだという人もいれば、キリスト教へのこだわりだという人も、あるいは、アメリカで誕生したかどうかだという人もいる。私は、アメリカ人は、みなが共有する理想と原理と、それらが必然的に伴う相互義務によって結ばれ、団結していると考える。

私は本書で、アメリカ人が共通して保持してきた善、つまりコモングッドについて、いったい何が起きてしまったのか、そしてそれを回復させるために、私たちは何をすべきかという議論を喚起したい。おそらく本書は、互いに異なる見解を持つ人々が、こうしたことについて礼儀正しく討論するための手がかりを提供することとなろう。私の目標は、人々がみんな「コモングッド」に賛同することではない。そうではなくて、コモングッドについて人々が語り、考え、他者の見解に耳を傾けることを、慣習として身につけることを目的としている。それだけでも大きな前進なのである。

まずは本書がめざしていない点をはっきりさせよう。本書は共産主義（communism）の本でも社会主義（socialism）の本でもない。もっともこの剣呑な時代、「共通の（common）」という単語が表題にあるだけでそんなふうに思う人がいたとしても驚きはしないが。本書はまた、進歩派や民主党員や共和党員が選挙に勝つための実践書ではないし、伝えるべきメッセージ集でも政策の提言書でもない。そういう類いのものは世の中にすでにごまんとある。この本はまたドナルド・トランプに関する本ではない（もっとも彼は随所に頻繁に登場する）。

本書は、同じ社会を生きる一員として、人々はお互いにどんな義務を負っているか、あるいは

---

（1）訳注　著者は本書でCommon Goodについて章ごと、あるいは、事例ごとに論じており、文脈によりその含意も異なっている。このため訳出に際しては、文脈に応じ、共益、公共善、良識などのカッコ書きで添えることとした。

少なくとも、五〇年前に私がジョン・F・ケネディの挑戦を聞いたころには、人々は互いにどんな義務を負っていたのかについての著作である。私たちがかつて共通して持っていた善、そしてもし今よりもはるかに機能する社会を取り戻したいなら、再び共有しなくてはならない「コモングッド」についての本である。

コモングッド　目次

*Part 1*
*What Is the Common Good?*

# 第1部

# 「コモングッド」とは何か

Chapter 1

Shkreli

# 第1章 シュクレリ

最初にマーティン・シュクレリの話から始めよう。黒髪で痩せていて肌は青白く、少年のような雰囲気で薄ら笑いを浮かべたシュクレリは、若いころは、無一文から大富豪に成り上がるアメリカの成功物語を地で行く人物だった。一九八三年三月、ニューヨークのブルックリンで生まれ、両親はアルバニアからの移民でいくつもの高層アパート群で管理人として生計を立てていた。シュクレリは、高い知能を持つ生徒のための公立校ハンターカレッジ・ハイスクールへ通い、二〇〇四年、ニューヨーク市立大学バルーク校で経営学の学位を取得した。彼は、極めて早い時期から金儲けに独特の才覚を発揮した。自らヘッジファンドを立ち上げ、特定のバイオ技術企業群の株価が下落すると見込んで空売りし、大いに儲けた。

しかしその後、シュクレリの生き方は称賛からはほど遠いものとなった。インターネットの株取引のチャットルームでねらいをつけた企業を激しく攻撃して株価を下落させ、自らは空売りして儲けが出るよう仕向けた。ある投資家が振り返って言うには「シュクレリは薬の効能を偽っているのは誰か、医薬品業界の仕組みを悪用しているのは誰か、極めてよく知っていた」。別の投資家も「シュクレリは多くのリスクをあえて取り、ほかの人がやりたがらないようなことを進んでやっていた」という。それからほどなくして、シュクレリはバイオ製薬会社レトロフィンの経営を握り、二〇一五年には製薬会社チューリング・ファーマシューティカルズを創業してCEOに収まった。チューリング社は彼の指示の下、五五〇〇億ドルをかけて「ダラプリム」という薬の国内販売権を獲得した。ダラプリムは、一九五三年にできたトキソプラズマ症に対する唯一の承認薬だ。トキソプラズマ症は、希少な寄生虫による感染症で、胎児に先天的欠損を引き起こしたり、がん患者やエイズ患者に発作や失明、時には死をもたらす。ダラプリムは、十分な量を、手の届く価格で普及させることが求められる、WHOの「エッセンシャル・ドラッグ」にも指定されている。ところが、販売権を獲得して数カ月後、シュクレリは薬価を五〇倍以上引き上げ、一錠一三・五ドルから七五〇ドルにしたのである。

シュクレリはこのことで厳しく糾弾されたが、彼自身は、「誰も言いたがらないし、誰も褒めようとはしないが、しかし、これが資本主義社会であり、資本主義の制度であり資本主義のルールなのだ」と弁明した。「投資家は私に利益の最大化を期待する。最小化ではなく、半分でも七〇でもなく、一〇〇パーセント利益曲線通りになるまで要求してくる」とシュクレリは言い、自分に対する一般の人たちの叫びには惑わされないし、本当はもっと薬価を上げたかったくらいだ、これからさらに別の薬の販売権を買ってその薬価も上げるつもりだと主張した。「人々が公衆の面前で僕らに恥をかかせようとするのは解せない。なぜなら僕らがやったことはすべて合法なのだから。（スタンダード・オイル社を創業した）ジョン・D・ロックフェラーだって、それが合法的な行為である限り、謝罪しようとしたことはない」。二〇一六年二月、シュクレリはダラプリムの薬価つり上げを説明するため、連邦議会に召喚されたが、合衆国憲法修正第五条に基づく黙秘権を盾に一切の回答を拒否した。公聴会のあとシュクレリは「あんな頭の弱い人たちが人々を代表する国会議員だなんて受け入れがたい」とツイートした。

その後シュクレリは、自らのヘッジファンドの顧客に対する長年の詐欺行為という、薬価操作とはまったく関係のない事案で逮捕された。顧客から預かった資金を焦げ付かせ、それを、彼が最初に立ち上げた製薬会社レトロフィンからかすめ取った資金で補てんしておきながら、顧客には嘘の業績報告書を送っていたのである。ロバート・ケイパース連邦検事によれば、シュクレリは「要は出資金詐欺（ポンジ・スキーム）のような会社経営をしており」「巧みな嘘と偽りによって顧客を取り込んでいた」のである。ブルックリンにある東部地区連邦地方検事局のカーシク・

シュリニヴァサン連邦検事補も「嘘に嘘を重ねる。まさにそれがマーティン・シュクレリという男が何年も繰り返してきたことだ」と語る。一方シュクレリは、刑事裁判を見越して『ニューヨーカー』誌でこう言い放った。「陪審員はたぶん二時間で無罪判決を出すだろう。彼らの中には僕のファンになる人もいるだろうから。ニューヨークの通りを歩いていると、みんなが僕に握手を求めてくるんだ。僕みたいになりたいと言ってね」。

ブルックリンの連邦地方裁判所での裁判中、シュクレリは記者たちでごった返す部屋の中をうろつき回って、ある特定の証人を監視し続け、判事から強く叱責を受けた。フェイスブックで検事たちをからかい、報道機関に、検察官のことを「大学の二軍選手程度だ」と言い、さらに自分を批判する記者には、彼らの名前を連想させるインターネットのドメインを買って、そのサイトから彼らを馬鹿にして仕返ししていた。ネットニュースの『ビジネス・インサイダー』へのメールでシュクレリは「僕はああいう人たちをジャーナリストとは呼ばない」「奴らは気づかないうちに、大手報道機関や情報通信会社が喧伝するリベラリズムにべったりで」、「最近物議を醸す白人至上主義者よりちょっとましなだけだ」と書いた。二〇一七年八月四日、シュクレリは五週間の審理を経て、八件の詐欺事案のうち三件について有罪判決を受けた。結審後、シュクレリは「この裁判は壮大なスケールの魔女狩りだ。きっと彼らは魔女の箒を一、二本見つけたんだろう」と語ったが、陪審員の一人は「マーティン・シュクレリにとっては彼自身が最悪の敵だったのだ。

（中略）彼はただ、カネを失ってしまいました、と言えばよかった。だのに彼のエゴがそれをさせなかった。そしてそれこそがシュクレリを今の位置に押し上げた理由でもある」。当初、陪審員の何人かはシュクレリの精神的な責任能力を懸念したが、最終的に、彼は自分のしたことは理解していたと結論づけた。

私がマーティン・シュクレリから話を始めたのは、この事件が、何が間違っているのかを典型的に物語っているからだ。公開情報から判断するしかないが、シュクレリという人物をどう結論づければ道理が通るのだろう。彼は確かに頭が良く活動的だ。勝つためなら、彼自身や他人の行為にどんな影響が出ようとお構いなしに何でもやる。ほかの人々が信じている規範は、自分には当てはまらないと思っている。法律に関しても、自分がやりたいことは、それが明らかな違法でない限り、何をやってもよいという態度だ（もっと言えば、違法であっても、自分がそれに引っかからなければ大丈夫と考えている）。そして自分のやり方を邪魔するものに対しては、それが判事であれ検事であれ、連邦議員であろうとも、軽蔑を隠さない。現在でもシュクレリは自分のしたことに対する謝罪をしていない。心底そうするつもりがないのだろう。このように、マーティン・シュクレリという人は「コモングッド（共益）」と呼ばれるものにことごとく逆らう。しかし私は問いたい。今日のアメリカを牛耳る、高い地位にある人々と、シュクレリとの間にどれほどの違いがあるのだろうか、と。

「コモングッド」は、かつてこの国で広く受け入れられ、理解もされてきた。もとより合衆国憲法は、「われら人民」の「一般の福祉を増進」するために制定されたのであって、「身勝手な輩(やから)が自らの富と権力を増進」するためのものではない。一九三〇年代の世界恐慌や第二次世界大戦時、アメリカ国民はコモングッドを守るべく団結し、「共通の危機」に立ち向かった。そのコモングッドとはフランクリン・ルーズベルト大統領の「四つの自由」に明示されている。すなわち、「言論の自由」「信教の自由」「欠乏からの自由」「恐怖からの自由」である。これらのコモングッドはまた、白人であれ黒人であれアメリカ人が、一九六〇年代に市民権や投票権を求めて立ち上がる際にも、人々を勇気づけた。世界に類を見ないほど大規模で包括的な公的教育の仕組みを生み出したのも、また、ベトナム戦争の不正義への抗議に多くの人々を駆り立て、勇猛な反戦運動に人々を夢中にさせたのも、「コモングッド」である。

国民のほとんどが、思いやりをもって他者と連帯しあう仕組みに、多少なりとも組み込まれていた。もし人類が完全に自己中心的であったとしたら、決してここまで生き延びてはこられなかったはずだ。中には紛れもない英雄たちもいた。九・一一同時多発テロや大規模なハリケーンの際に最初に救助に向かった人々、二〇一七年春、オレゴン州ポートランドの通勤電車の中で、差別的暴言からイスラム教徒の少女を守ろうとして暴漢に刺され命を落とした二人の乗客、地域の安全のため危険な場所に毎日のように身を投じる何千人もの警察官や消防士たち、国のために自らの命を懸ける何十万人もの男女の軍人たち、政府や企業の悪行を自らの職やキャリアをなげうって告発する人々、別の土地で開業すればより高い利益が見込めるのに地元にとどまって人々を雇用し続ける企業オーナーたち。見ず知らずの人たちの間でも、私たちは日々、利他的な思いやりに出くわす。たとえば、ベビーカーを公園に続く階段の上まで運ぶのを手伝ったり、救急車を呼んだり、障がい者を補助してあげたりといったことだ。

それなのに、「コモングッド」はもはや流行りの考え方ではなくなってしまった。今や、卒業式の祝辞や政治家ですらこの言葉を使うことはまれだ。「コモングッド」という言葉は、今では的外れとまではいわないが、陳腐で古臭い印象を与えるのだろう。マーティン・シュクレリにコモングッドという概念がほんの少しでもあったかどうかすら疑わしい。コモングッドの崩壊を感じさせられる出来事はますます増えている。企業経営者が顧客をだましたり、企業を乗っ取ったり、投資家を詐欺にかけたり、スポーツ選手がドーピングスキャンダルに関わっていたり、医者がより高い診療報酬を得ようと無用な治療を施したり、弁護士や会計士が、顧客企業がいい加減なことをしているのに見て見ぬふりをしたり、中には共謀までして法をごまかすことすらある。ウォール街の大手銀行は、二〇〇八年、投資家のカネをだまし取って国家を金融危機に陥れておきながら税金投入で救済されたし、ほかにも、ラテン系アメリカ人やアフリカ系アメリカ人が、警官によって公民権を脅かされ、理由もなく怪我をさせられたり、殺されることすらあるのに、その上司たちは無視を決め込んでいる。映画のプロデューサーや広報担当者は、自分たちが頼みとする映画界の大物が若い女性に対してセクハラをしようが見て見ぬふりをするし、政治家は裕福な支援者や企業から寄付（実態はわいろ）を受け取って彼らの望むような法を成立させ、党の意に染まない議決が出ると政府機関を閉鎖したりする。アメリカ大統領は、重要課題に関して何度も嘘を繰り返すうえに、自分の保有資産を白紙委任することを拒み、その地位を利用して私的な利益を上げ、さらに人種的対立も煽っている。

私が問題にしている「コモングッドの劣化」は、ときに、友好的で寛大で感じの良い人に見えて、実は自分の野望以外にまったく関心がない人々によって引き起こされることもある。彼らもまた、勝つためなら手段を選ばないからだ。二〇一六年春のある日のこと、私はバークレーにある自宅からほど近い横断歩道で信号が変わるのを待っていた。同じく信号待ちをしていた身なりの良い男性とちょっとした会話が始まった。「ジョン・スタンフです」と自己紹介をする彼のスーツやネクタイはバークレーあたりで見かけないものだったので、私は彼の職業を尋ねた。すると彼は、自分はウェルズ・ファーゴのＣＥＯでこれから会議に向かうところだという。私が自分がクリントン政権にいたことや政府による金融機関救済は良くないと話すと、では翌週もう一度会ってコーヒーを飲みながら続きを語ろうということになった。スタンフは、控えめながら魅力的な人物であった。彼は、ウェルズ・ファーゴはほかのウォール街の「巨悪」銀行とは違うことや、同行が顧客や地域の人々に対して責任を持って即応しようと多大な努力を払っていることを、どうすればもっと人々にわかってもらえると思うかと私に聞いてきた。そこで私は、彼がおごってくれたコーヒー代程度のいくつかのアイデアを提供した。その後も私は、彼のような立派な人がトップにいて、ウェルズ・ファーゴはなんて幸運なんだろうと思い返したものだった。

それから二、三カ月が経ち、金融機関による不正営業が報じられたころ、ウェルズ・ファーゴは、多額の預金を流用して、顧客にまったく無断でクレジットカードを作成したり架空口座を開設したりして、顧客の多くを債務不履行に陥れたことを認めた。ウェルズ・ファーゴの信用格付けが下がったために融資金利が上がってしまい、預金者の新たな金利負担は、総額で五〇〇〇万ドルに上った。また、自動車ローンの顧客五〇万人から彼らが望みもしない自動車保険の保険料を無断で徴収してもいた。そのせいで二五万人が自動車ローンと保険料の支払いができなくなり、うち二万五〇〇〇台に及ぶ車両が同行によって不当に差し押さえられた。さらに何千人もの顧客に無断でオンライン請求書支払いサービスに登録し、一〇〇万ドル近い手数料を徴収してもいた。それでもまだ懲りずに、連邦裁判所では、被害者には集団訴訟を起こす権利はなく、個人での調停しかないと主張した。調停に必要な裁判費用は、集団訴訟で見込まれる損害賠償金よりも、少なくて済むからだった。

このことが明るみに出るまで、スタンフを頂点とするウェルズ・ファーゴの経営陣は、積み重なる不正の証拠を無視し続けたのである。その間、同行の利益はうなぎのぼりで、二〇一六年にはアメリカで四番目に高い利益を上げていた。ウォール街の投資アナリストたちとの電話では、スタンフは、ウェルズ・ファーゴはもっともっと金融商品を販売できると繰り返し宣伝していた。顧客詐欺が行われている間も、スタンフが保有する株式の価値はおよそ二億ドルも上昇した。つまり、スタンフは顧客や地域に心を砕く人ではなかったのである。いろいろな意味で、スタンフは、単に感じの良いマーティン・シュクレリというだけのことであった。結局彼も、勝つためなら何でも手に入れ、コモングッド（共益）がどうなろうと気にもしないで金儲けに励む人だったのである。

Chapter 2

What Good Do We Have in Common?

# 第2章 私たちはどんなコモングッドを共有しているのか

「コモングッド」とは、同じ社会の一員として連帯する市民が、互いにどんな義務を負っているかを示す共有価値である。それは、私たちが自発的にそれに従おうとするような規範であり、また、私たちが成就させたいと願う理想でもある。マーティン・シュクレリやジョン・スタンフら、今日非常に悪名高い企業人や政治家の持つ価値観とはまったく対極にある考え方だ。「コモングッド」に関心を寄せること、その感覚を心のうちに持ち続けることは、道徳的態度といえよう。私たちみんながともにあるということを認識できるからだ。共益の概念のないところに社会は存在し得ない。

しかし思想家や哲学者の中にはコモングッドという考え方を攻撃する人もいる。独裁者や扇動家が専制政治を正当化したり個人の自由を抑圧しようとしたりするとき、「コモングッド」はたやすく利用され乗っ取られてしまうと彼らは言う。思想家であり小説家のアイン・ランドは「コモングッドというものは定義されていないし、定義できない概念であり」「それを具現化しようと試みる者たちに、自らの分別を白紙委任するようなもの」と記した。そして、社会にとってのコモングッドが、一個人にとってのコモングッドとは切り離され、より優等なものとみなされたとき、ランドいわく、「一部の者たちにとってのコモングッドが、他の人々のコモングッドよりも優位に立つということになり、他の人々は一部の者たちのための生贄（いけにえ）にされてしまう」。

ランドはロシアからの亡命者であり、父親はロシア革命で自らの事業を没収されていた。ランドの有名な著作の多くは、ヨーロッパにおいてファシズムやソビエト共産主義の影が色濃い一九四〇年代から五〇年代に誕生した。ランドの二つの代表作『水源』（一九四三年）と『肩をすくめるアトラス』（一九五七年）は現代でも広く読まれており、また彼女が「利己主義という気概」と呼ぶ見識を詳述した著作やインタビューも有名だ。

ランドは、「コモングッド」という名の下に、政府が国民に他者のための金銭や資源の供出を要求する行為は、専制政治への第一歩であると見ていた。一九六四年のインタビューの中で、「人は自分自身のために存在し、人が自身の幸福を追求することは至高の道徳的目標である。人は他者のために自己を犠牲にしてはならないし、同時に自己のために他者を犠牲にしてはならない」と述べている。たとえば、アメリカの国民医療保険メディケアは、高齢者にとっては望ましいかもしれないが、それを理由に他の人々が保険料負担を強制されたとたん、「隷属が正当化されてしまう。そのことによって医学は崩壊し、医療行為は統制され分裂し、プロとしての品格、自由、キャリア形成、野心や業績、幸福などといった『望ましい』目標をもたらすために存在する人そのもの、つまり医師たちの人生を断念させてしまうことになる」とランドは主張する。

ランドの思想においては、社会は、自律的で利己主義的で自己陶酔的なほうがはるかにましだというのである。ランドにとって、誰もが共通して持ちうるコミュニティとは、家族や友人など、当事者によって自発的に維持される関係だけである。人に寛容でありたいというならそれもよい、しかし、その寛容性を強制するような権力を誰も持つべきでない。「信頼」に値するのは、人々が自発的に参加する集団だけであり、いかなる組織も人々に参画を強制する権力を持つべきでない。他者から期待され正当化してもらえるのは、利己的行為のみである、とランドは考えたのである。この利己的行為は、自由市場経済において、人々がそれぞれ売らなくてはならないものを売り、買わなくてはならないものを買うときに顕著に表れる。彼女にとっては「コモングッド」など存在しないのだ。

ランドの思想はその後、ハーバード大学教授で哲学者のロバート・ノージックによって深められ、『アナーキー・国家・ユートピア』（一九七四年）というベストセラーにまとめ上げられた。

ノージックは、社会の土台として正当と認められうるのは個人の権利だけだと説いた。そこにあるのは「それぞれ他者とは異なる個人、他者とは異なる生き方をする個人のみ」であって、コモングッドではないと述べ、こう続ける。「そのような個人からなる人々のうちの誰かを、ほかのみんなのために利用することは、その人物を食い物にして他の人々が得しているにすぎず、それ以上のことはない。……社会全体の善を持ち出すことはそれをごまかすことにほかならない」。

ランドやノージックがこうした考え方を提唱したころ、彼らは突飛とまでは言わないものの、風変わりだと見られていた。それに先立つ半世紀を生きてきた人々は、恐慌や大戦を通して相互依存関係というものを目の当たりにしてきたからだ。戦後は、その無限に増大するかのように見えた経済力を用いて、学校や大学、全国規模の高速道路網、高齢者や困窮者のための医療保険（メディケアとメディケイド）など、あらゆる公共財の費用をまかなった。大戦で疲弊したヨーロッパをも再興し、アフリカ系アメリカ人の公民権や選挙権を保障し、女性に門戸を開いた。もちろんそこには「コモングッド」が存在し、我々はそれを実践していたのである。

しかし、一九七〇年代後半にさしかかると、ランドの考え方は幅広く受け入れられるようになり、彼女は近代アメリカの保守主義、特にリバタリアニズムの母たる知識人となった。ドナルド・トランプ大統領は、あるとき自らをランドの『水源』の主人公ハワード・ロークになぞらえた。ロークは、自ら設計した高層住宅プロジェクトが、自分のデザイン通りになっていないことに激怒し、住宅を爆破してしまう建築家である。トランプの周りにはランドの影響を受けた人が多い。『肩をすくめるアトラス』はレックス・ティラーソン国務長官のお気に入りの一冊といわれているし、マイク・ポンペオアメリカ中央情報局（ＣＩＡ）長官もランドの影響を強く受けている。トランプ政権で労働長官に最初に指名されたアンドルー・パズダーも、自由な時間の多くをランドの著作の読書に費やすと言っていたし、共和党リーダーのポール・ライアン下院議員は職員にランドを読むよう指示した。

ランドのファンはビジネス界にもいる。ウーバーの創業者で前ＣＥＯのトラビス・カラニックは、自社の価値基準にランドの思考を多く取り入れており、彼は自分のツイッター（現・Ｘ）のアイコンを『水源』初版本の表紙にしているほどだ。

＊　＊　＊

しかし私は、ランドもノージックも、彼らを信奉する現代の類似の思想も、極めて危険で誤りであると考える。彼らが否定する「コモングッド」は存在するし、何よりそれは社会が機能するために不可欠なものである。善悪の判断に関わる共通概念の数々に、私たち自らが従順でなければ、日常生活はひどいものになろう。まるでジャングルで暮らすようなもので、最も力のある者、頭の良い者、隙を見せない者だけが生き残る可能性を持つ。そんなものは社会とは言えない。文明（civilization）とさえ言えない。なぜならそこに礼節（civility）がないからだ。

アメリカ人は、自国や世界に何を望むかについて激しく意見が割れている。しかし、同じ社会で生きていこうとするならば、基本原則には同意しなくてはならない。たとえば、意見が異なるときにどう対処するか、あるいは、民主的な制度の重要性や人々が負っている法的義務、真実の尊重といったことをどう扱うのかについての基本原則だ。ここで言っているのは、人々をつなぐための基本原則に対する同意であって、その原則によってもたらされる結果に同意せよと言っているのではない。一八世紀イギリスの政治家で政治思想家でもあったエドモンド・バークは、近代保守主義哲学の祖と言われているが、彼はコモングッド[1]について「様々な国家や時代にとっての共同の銀行であり資本である」と述べている。これが市民道徳の源泉である。

極めて基本的な例を挙げよう。私たちは、多くの人々が自発的に保持している遵法精神に依拠している。それは単に法に書かれた文言に従うということのみならず、法が持つ精神や法に込められた意図をも尊重するということである。もし人々が、法を犯すことによって得られる利点と、科されうる量刑の重さを天秤にかけることなしには、法に従わないとしたらどうだろうか。私たちはカオスの中で暮らすことになる。誰もがマーティン・シュクレリのように振る舞う世界では、人々はかなりの時間と注意を払って、他人を出し抜いたり、他人から身を守ったりしなくてはならない。「人を見たら泥棒」と思わなくてはならない。いかなるやりとりにおいても損失を被らないよう注意深く手を打っておかなくてはならない。巷のシュクレリ的な人が、法に従うよりも、量刑覚悟で法を破ったほうがトクだと計算するのを牽制するために、量刑はより厳しくなり、警察の執行力もより強化されるようになるだろう。法律によって起こりうるすべての悪行を予測したり予防したりすることはできないから、シュクレリ族が脱法に走らないようにするには、法律をより細かく精緻に作らざるを得ない。

それだけでは終わらない。私たちは連邦議会議員に法の盲点を塞いだり、抜け道を阻止したりするよう頼ることもできない。なぜなら、シュクレリ族が議員を買収するからだ。シュクレリ族議員はそういうわいろを喜んで受け取るだろう。どうにかして法の盲点を塞ぐことができたとしても、今度は執行において警察を頼ることができない。シュクレリ族が警察を買収し、彼らもわいろを受け取るからだ。コモングッド(共益)を守ろうという責任感が共有されない社会では、議員や判事、規制当局も警察も含む誰もが利己的に行動し、自分たちの利益のために法を作り執行していると考えるしかない。なかなか想像しにくいだろうが、アメリカ大統領ですらシュクレリのような行動を取りうるのである。

---

(1) 訳注　バーク自身はprejudice(偏見、固定概念)に対する記述としてこれを述べている。

自由市場を礼賛し、政府を過小評価するアイン・ランドの信奉者たちが、もし、「自由市場」こそがシュクレリの策略を抑えることができると考えているとしたら、それは自らを愚弄していることになる。市場はそれ自体、人間が作り出したものであり、何を、どういうふうに所有でき、取引できるかを定義づける法律や規則の集合体である。政府は、「自由市場」に「介入」するのではなく、政府が自由市場を「創る」のである。政府の公職にある者は、議員であれ、実務家であれ、規制当局や判事、あるいは大統領であれ、市場が機能するよう法や規則を決め施行しなくてはならない。そこにコモングッド（共益）という規範が存在しなければ、公職に就くものは決断の根拠を失い、利己的な利害に走るしかなくなってしまう。

公職にある人々は何年もの時間をかけて、人間は人間を所有してはならない、核爆弾やその作り方を保有してはならない、あるいはゲノムを所有してはならないと決めてきた。性的行為や乳児や選挙権をカネで買ってはいけないし、危険な薬物や食品を売ってはならない、出資金詐欺をしてはならない、誰かに何かを買うよう、あるいは売るよう強要してはならない、と決めてきたのだ。また誰しも、倒産状態にあると認められない限り（それも、一定の条件下でのみ認められる）、自らの債務は支払わなくてはならない。ほかにも、著作権や特許で保護されるのは何か、契約の中で紛争仲裁を盛り込めるかどうか、ある特定の企業買収によって過度な市場支配が生じないか、あるいは雇用契約において競合他社への転職の禁止を規定することはできるかなど、市場に関わるすべてのルールを決めてきたのである。

公職に就く者たちが、これらの決定において、自らのコモングッドを基本においていれば安心だが、もしシュクレリ族がルールを決め執行するとしたら、彼らが判断の基本におくのは、自分が富や権力を得ることができるかどうかだろう。そんな「自由市場」は偽物だし、ほとんどの人々は損をしてしまう（後述するが、これに近いことは実際すでに発生している）。

「真実」はそれ自体がコモングッド（共益）である。歴史的に見ても、専制君主がまっさきにすることは、哲学者（プラトン）や、科学者（ガリレオ）や、自由で独立した報道機関など孤高の語り部に対する攻撃であった。そうやって暴君たちは世論を混乱させ、自分たちにとって有利な「事実」に置き換えてきたのだ。真実の共有なしに、民主的な審議などできはしない。「もう一つの事実」の数々は、人々を、ジョージ・オーウェルが『一九八四年』の中で「二重思考」と表現した世界へと誘う。二重思考においては、大衆は過去を思い出すことができず、現在を評価することも、未来を予測することもできない。詩人であり哲学者でもあったヴァーツラフ・ハヴェルは、「偽りを生きることが制度の根幹に据えられた世界では、真実を生きることが、制度を揺るがす根源的な脅威となるのは当然である」と述べている。

マーティン・シュクレリのような輩（やから）がたくさんいる世界では、嘘をついたほうが自分に有利になるとしたら、誰かのことを正直な人だと信頼することもできない。商品やサービスを売る人の言うことも信頼できなくなるだろう。インターネットの「評判レーティング」にしてもほとんど価値はない。なぜなら、シュクレリ的な評価者たちはいとも簡単に買収されてしまうからだ。シュクレリたちは真実を隠し、それを示すあらゆる経済指標をずさんに扱うので、透明性を期待することも不可能だ。ジャーナリストも身勝手な優位性を保つため、広告主からわいろをもらったり、政治家の顔色を窺ったりして、自らの記事を手加減するだろう。教師は、リッチで権力のある後援者を満足させるような授業をし、歴史家も富と権力が得られるならばと史実を改ざんし、科学者も似たような利己的な動機から証拠に手を加えるだろう。かくして、「真実」は騒々しい事実の申し立て合戦の中に埋もれていく。

医師や薬剤師とて私たちに適切な投薬をするとは限らない。銀行員や会計士が私たちから金銭を巻き上げないという保証はないし、レストランが食中毒を発生させたり、弁護士が私たちをだます可能性だってある。様々なレーティング評価も操作されるだろう。プロとしての倫理観などもはや無意味かもしれない。自分の耳で聞いたことも信用できないとしたら、私たちは永遠の混乱状態を生きていくことになる。古代ローマの哲学者アウグスティヌスいわく「もし人々が、何か悪いことが起こるのではないかという不安でいっぱいになって、何も信じないことに決めたとしたら、この人間社会では何一つとして安全ではなくなる」。

トランプ大統領が証拠もないのに何百万人もの非正規移民が投票したと主張したり、報道機関が確証もなく、テロを起こしたのはイスラム過激派だとごまかしたり、オバマ元大統領がトランプを盗聴したと事実無根の主張をしたり、トランプ寄りの報道評論家たちが、裏付けもなしに「フェイクニュース」という言葉を喧伝したり――コモングッドはこうした行為によって特段の危険にさらされる。根拠のない主張が大衆の判断を鈍らせ、混乱させる。人々の間の信頼感が損なわれ、様々な陰謀論を煽ってしまう。そして蔓延する不信感に乗じて、自分たちの目的を果たしたい日和見派がさらに嘘を重ねる悪循環に陥る。九・一一同時多発テロは内部犯行で、サンディフック小学校銃乱射事件は「完全なフェイクニュース」だと主張することで知られるラジオ司会者のアレックス・ジョーンズは、「大衆は社会システムを信用していない。社会契約は破棄されたと思っているのだ」と語る。まさにそのことがジョーンズのような人物が影響力を持つことを可能にしたのである。

＊　＊　＊

そもそもコモングッド（共益）とは、自分以外の大多数が（嘘や優位性にこだわるのではなく）コモングッドを大切に守っていると信じる人々がいてこそ成立する。つまり、市民間の信頼とは、市民が自らに課し、自らの手で長続きさせるものなのだ。合衆国憲法の父ジェームズ・マディソンは、権利章典（合衆国憲法修正第一条から第一〇条）の制定を主張する演説において、章典があれば「この社会をともに構成する市民たちの胸の内にある懸念、すなわち、ともに勇敢に戦い名誉の流血までして勝ち取った『自由』を取り上げようとする同胞が自分たち市民の中に居るのではないかという一切の懸念を払拭することができるだろう」と述べている。

「コモングッド（共益）」を尊重する社会であればあるほど、新しい思想、技術、機会、貿易、移民流入が必然的にもたらす混乱を人々が受け入れることに前向きであることは歴史が証明している。コモングッドがある社会の人々は、そうした混乱のツケが不当に自分たちにのしかかることはなく、また、混乱によって失われるものよりも、混乱を経て得られるもののほうが大きいと考える傾向があるからである。このような好循環は政治的な公平性や機会の均等性を推進する社会においてより多く見受けられる。なぜなら、ルール作りに平等に参画でき、成功する機会が平等に与えられている人々は、自分たちの懸念はきちんと取り上げられ、様々な改定が自分たちのためになることをより強く信じているからだ。

しかし、信頼が軽視される社会やそもそも信頼が存在しない社会では、混乱を伴う変革は人々の大きな怒りや恐れを引き起こしかねない。そのような状況下では好循環が逆転して悪循環と化す。改革から取り残された人々が、社会システムは自分たちに不利なように仕組まれていると感じたら、彼らは開かれた社会を閉じた独裁的なものへと押し込めようとするだろう。コモングッドという感覚のない社会では、扇動家たちが、変化に伴う混乱への怒りや恐れに乗じて、人々を互いに反目させようとするかもしれない（怒りを引き起こした禍根に向き合うよう促すのではなく）。特に、不景気や格差を抱える社会は、民主的な仕組みや組織を軽んじたい専制君主に弱い。そのような意図を持つ為政者は、繰り返し嘘をついたり、批判や批評を「私たち」に対する陰謀だと攻撃したり、人種や宗教的分断を煽ったり、過激なナショナリズムをけしかけたりする。

世論調査によると過半数のアメリカ人が、アメリカはアイデンティティを失いつつあると懸念している。これまで、アメリカ人のアイデンティティの核心に、「我々はほかの誰よりも優れている」というようなナショナリズムは存在しなかったし、肌の白さや民族的な統一性も存在しなかった。そこには、何世代にもわたって継承されてきた貴重な遺産としての「みなで共有する理想」や、「みなが共通して持っているコモングッド」というものがあった。もし私たちがアイデンティティを失いつつあるとしたら、それは肌の色が茶色を帯びてきているせいでも、かつてよりもたくさんの言語を使うようになったせいでもない。そうではなくて、私たちが「コモングッド」という感覚を失いつつあるからなのである。

「ほかの誰よりも優れている」というナショナリズムは、扇動家たちが、国境の外にいる他者への恐れを人種差別的に煽ることで台頭している国々で顕著である。二〇一七年、仏国民戦線（現・国民連合）党首マリーヌ・ル・ペンは、現代の大きな政治対立は「グローバル主義」対「愛国主義」であると主張したが、これなどは恐れに基づく排外主義以外の何物でもない。ドナルド・トランプが大統領選のさなかに叫んでいた「アメリカ第一主義」も、かつて（一八五〇年代、一八九〇年代、一九二〇年代）、国際社会から孤立することを選んだ我が国の移民排斥主義の繰り返しだ。ジョン・F・ケネディが、利己心は脇へ置き、もっとコモングッド（公共善）のために身をささげようと説いたのとは対照的に、トランプは外国がアメリカに侵入してくるのを防御せよと人々に求めた。「諸外国が、これまでのように、信じられないレベルで我が国につけこむとは……もう許さない」「私たちは、誰にも、誰にも、誰にも、負けない。我々はアメリカ人だ。そして未来は我々の手中にあるのだ」と彼はケンタッキー州での遊説で語った。トランプの外交政策チームは政権発足当初、世界全体が一つの国際社会であるという考え方を明確に否定していた。世界は「国家や非政府組織や民間企業が優位性にこだわり、それを求めて競争する場所」であるというゼロサム理論の誤謬に囚われていた。

しかし、アメリカは他の国々とゼロサムゲームを繰り広げているのではない。私たちが持つコモングッドは、この地球上の他の国々のグッド（善）と密接にして不可分なものである。アメリカは、第二次世界大戦後にヨーロッパや日本の復興を支援した時代には、このことを明確に理解していた。少なくとも第二次世界大戦以降のアメリカが国際社会全体をリードする超大国であろうとしていたことは確かだ。他国の利益を自国の損と考え、自国の損を他国の利とみなすトランプ政権が出てくるまでは。コモングッド（共益）は、アメリカが「一番」の国になることとは何ら関係がない。コモングッド（共益）は、国境を安全にしたり、壁を立てたり、他者を締め出すことではないし、外国人を嫌うことでもない。そうした排除の論理にはまったく着目しておらず、反対に、共通の目標を達成するために力を合わせる「包摂性」を尊重する。

事実、コモングッド（共益）をもって団結してこそ、国境を越える思いやりを持つことができる。エドモンド・バークいわく「分割された組織の中に身をおくこと、社会における小さな団体に所属し愛着を持つことは、公共心への第一歩（いわば芽生え）である。それは自国を愛することや人類を愛することへの連鎖の第一歩なのである」。長きにわたりアメリカ保守主義の英雄であったバークは、国家主義者ではなかった。そのキャリアのほとんどを世界の虐げられた人々を擁護することに費やした。たとえば、自分と同胞のイギリス人によって搾取されていた植民統治下のアメリカ人たち、差別を受けていたアイルランドのカトリック信者たち、そしてインドの民衆たちである。バークはそうしながらも、自らの主張の根拠を普遍的な人権の原理にはおかなかった。彼は、イギリスの法規や慣習法憲法の中に内在している道徳的知覚を持論の根拠としていた。

「ほかの誰よりもすごい国」の信奉者たちは、概して自国以外の世界を知らないか、あるいは関心がない。ジョージ・オーウェルが冷ややかに述べたように、ナショナリストは「絶えず権力や勝利や敗北や復讐を考えているくせに、現実の世界で起こっていることにはたいてい無関心である」。対照的に本物の愛国者たちは自分以外の人々に対して深い関心を寄せ、心を開く。彼らのコモングッド（共益）の感度は、国境で尽きたりはしない。ダニエル・フリード[2]は一九七七年の国務省入省以来、四〇年にわたって活躍した外交官であるが、二〇一七年二月の引退にあたりこう述べた。「アメリカは、特定の人種のアイデンティティに根差した民族的国家ではありません。白人の共和国という選択肢は、アポマトックスでの南北戦争最後の戦闘とともに消えたのです。私たちは自身のため、そして他の人々のため、より良い世界を実現させようと、不完全ながらも、回り道や退行したりしながらも、ずっと努力してきました。なぜなら、我が国の繁栄や価値観は、ときに暗い影を落とす国際社会の、経済的繁栄と普遍的価値観ができるだけ永続することによってもたらされていることを理解していたからです」。

アメリカの原罪は、海外で誕生した人たちに市民権を与えなかったことではなく、この国が誕生する以前からここに暮らしてきた多くの人々、特にネイティブ・アメリカンやアフリカ系アメリカ人を除外したことにある。建国以来、ときには対立の激しい時代や暴力的な時代があったものの、概ねいつの時代にも、アメリカは外国人を比較的たやすく同化させてきた。一八四〇年代までには、すべての主要な港町が世界各国の出身者でいっぱいになった。かの『白鯨』の中でハーマン・メルヴィルは、捕鯨の港町マサチューセッツ州ニューベッドフォードの通りの模様を「フィージー、トンガ、エロマンゴ、パンナダ、ブライグ」などから来た「捕鯨船あがりの見本のような粗野な連中……にもお目にかかるだろう[3]」と描写している。一九二〇年代初頭までには、ほぼすべての国の人がアメリカに来て市民権を得ることができた。だが、先住民とアフリカ系アメリカ人のことは、建国以来ずっと、同じ市民として受け入れようとしなかったのである。ドレッド・スコット対サンドフォード事件の裁判（一八五七年）では、恥知らずにも、最高裁判事の過半数が、アフリカ系アメリカ人は白人と同等の市民になることはできないとの主張を支持した。彼らは「劣等な階級に属する存在であり、全体として白色人種と関わることは不適切である」というのが理由であった。

ドレッド・スコットの訴えは却下されたが、アメリカにおける平等公正を求める闘い（それは、「我ら人民」を求める闘いでもある）は続いた。この闘いもまた、コモングッド（共益）の一部だと

---

（2）訳注　ダニエル・フリードは、ヨーロッパ担当国務次官補やポーランド大使を歴任。アメリカ軍グアンタナモ収容所閉鎖や対ロシア経済制裁などをまとめた。
（3）訳注　『白鯨』（メルヴィル作、八木敏雄訳、岩波文庫）上巻第六章「通り」一二二頁より引用。

言えよう。ウォルト・ホイットマンやラングストン・ヒューズらの詩や、ウディー・ガスリーの歌には、祖国への愛情が描かれ、その愛は公正の希求へと変化していく。「この国はあんたの国だが、この国は俺の国でもある」とガスリーは歌う[4]。「アメリカを再びアメリカにしよう」とヒューズは願い、「未だいちどもなったことはないのだが／だがかならずやなるにちがいない国土にしよう／「あらゆる」人が自由な国土に。／僕のものといえる国土に／貧乏人の、インディアンの、黒ん坊の、「僕」の――[5]」。

コモングッドに基づく愛国主義は、分断を助長したりはしない。本物の愛国者は人種差別主義者をけしかけたり、宗教や倫理感の対立を煽ったりはしないのだ。彼ら自身、同性愛嫌悪者でもないし、性差別者でも人種差別者でもない。逆に、本当の愛国者たちは人々の中に共通する「善」を支持する。彼らは、「我ら人民」というときの「我ら」を讃え、強くしようとするのである。

コモングッドに根差した祖国愛はまた、「他者」に対する義務を伴うものである。国家の象徴に対する義務ではない。国旗や国歌への尊敬の念を示すよう強要するのではなく、国家を維持するためすべての国民に「応分の負担」を担うよう求める。たとえば、脱税したり海外に資金を蓄えたりせずにきちんと納税することや、地域社会や国をより良くするための時間と労力を自主的に提供したり、教育委員会や市議会の一員となったり、政治を腐敗させるような献金を慎んだり、自分の職を賭して権力乱用を摘発するなどの「応分の負担」である。それはときに崇高な犠牲を強いることもあった。私たちの祖というべき、アメリカ独立戦争の大陸軍人で最初のスパイといわれるネイサン・ヘイルが、一七七六年にイギリス軍によって処刑されたとき、「祖国のために失う命が一つしかないことを悔やむのみ」と断言したのは有名な話だ。大恐慌さなかの一九三〇年代、フランクリン・ルーズベルト大統領は国民に、アメリカらしい寛容さを見せることや、全体の善のための犠牲を払うよう求め、「私がみなさんの苛立ちを正しく理解しているとして」と言ってこう続けた。

我々国民は自らの相互依存性をこれほどまでに実感したことはありませんでした。我々は単に与えられるだけではなく、与えねばならないこと。訓練された忠実な軍隊として、共通の規律のために犠牲をいとわず行動しなくてはならないこと。なぜなら、共通の規律なしに前進は望めず、指導力も効果を発揮し得ないからです。私たち国民には、こうした規律のために自らの生命と財産を進んで差し出す覚悟があるはずです。なぜなら、そうすることで、よ

(4) 訳注 『我が祖国』の冒頭の歌詞。
(5) 訳注 『ラングストン・ヒューズ詩集』(木島始訳、思潮社) 四九頁より引用。

り大きな善を希求する指導力が可能となるからです[6]。

ここに述べられたコモングッドの感覚は、公共教育をも含んでいるが、それは「いい仕事に就くための自己投資」としてではない。教育とは国家を賢明に統治する能力を育成するという公共の善であり、機会の平等を推進するものである。民主主義は、真実を認識する力を備えた市民、ほかの選択肢を比較分析することができる市民、自らの将来の在り方を丁寧に議論することができる市民がいてこそ成立する。平等な発言力と利害を持つ市民がいてこそ成立するのである。教養ある大衆がいなければ、コモングッドとは何かを識別することすら難しい。これは根本原理である。教育が、私利を得るための私的投資とみなされるようになったら、そのように考える「投資家」以外に、誰が学費を払うだろうか。人々が、教育は民主主義の基盤となる「公共善」なのだと理解したとき、質が高く誰でも受けることができる教育機会を確保する責任は、私たち全員が負うべきものとなるのである。

私たち市民が負う主要な義務とは、民主的な政府を維持し、補強し、保護することであって、政府をカネまみれにしたり政治家を買収したりすることではない。投票権は擁護しなくてはならないし、ほんの一握りの声ではなく、より多くの市民の声が届くようにしなくてはならない。政府とは、人々が抱える共通の問題の解決をめざして団結するための手段なのだから、市民はこれを憎悪してはならない。政府のやることすべてを好きである必要はないし、特定の利害関係者が政府よりも強い権力を持つのを懸念するのも正当なことだが、それでも、我々市民の義務は、政府を改善すべく取り組むことであって、政府を弱体化させることではない。

政府の規模や範囲については見解が大きく分かれているものの、多くのアメリカ人はそれでも自国の「政治システム」を信頼している。私たちは、いかにそのシステムが理想とかけ離れているかを嘆き、憤りを感じるし、政治システムのせいで不当に欺かれたとなれば激怒もするだろう。だが、ほとんどの人は、システムがめざす「理念」には同意しているし、憤怒を感じるのはシステムを悪用する輩に対してであり、システムそのものに対してではない。一市民として、アメリカ人は合衆国憲法と法治を尊重し、被統治者の合意に基づく民主主義を信じている。また、権利章典を尊重し、司法の独立や、行政府と立法府と裁判所の三権分立、および三機能における拮抗と抑制のバランスを重視している。私たちは連邦主義を大切にし州や地方に多大な責任を付与しているし、言論の自由の重要性や自由で独立した報道機関の価値を信じている。

---

(6) 訳注　「フランクリン・ローズヴェルトの第一回大統領就任演説」(https://ja.wikisource.org/wiki/フランクリン・ローズヴェルトの第1回大統領就任演説) をもとに訳者が調整。

なんといってもほとんどの人が政治的平等を信じている。国民はみな等しく投票権を持つべきであるし、誰かの一票がほかの誰かの一票より重くなってはいけないと信じている。人は法の前にはみな平等であり、法を超越する人がいてはならない。国民は、政府が人種や宗教における少数派を差別することなど望んではいない――。

政治的平等に基づく政治システムの優れた点は、国民はすべての問題に対して賛同しなくてもよいが、そのシステムがもたらす決定事項には同意しなくてはならないことである。人の生命は受胎によって始まると信じる人々は中絶を禁止したいと考えるが、別の人々は自分の身体に起こることを決める権利は女性自身が持つべきであると信じている。もっと厳格な環境規制を求める人々がいる一方、もう少し緩い規制でよいと思う人々もいる。人々には、これらの、あるいはほかの様々な課題について、どんな立場をもとる自由があるのである。しかし、政治的に平等であるから、もたらされる結果については、どんなに気に入らなくても受け入れなくてはならない。それには、自分とは異なる見解や利害をも、自分たちの見解や利害と同じく検討に値するとみなす「社会的信頼」が不可欠だ。哲学者ジョン・ロールズはこう記している。正義と公平性の問題は、「お互いに他人に対していかなる権威ももたない自由な人々が共同の活動に携わり、その活動を明確にし、その各々の利益や負担の分担を決定するルールを、自分達の間で決めたり承認する場合に、公正の問題が生じるのである」（ジョン・ロールズ著、田中成明編訳『公正としての正義』

木鐸社、一九七九年、四八頁）。

＊　＊　＊

アイン・ランドは完全に間違っていたのである。道徳的選択には、自分自身にとって何が最良かの計算のみならず、論理上、他者への義務が伴う。社会を構成する人々が「正しく、謙虚な行為として何をすべきか」と問うとき、必然的に人々が相互に負っている義務について自問する。現代のセルフ・プロモーション、アイフォン、自撮り、パーソナル・ブランディングといった潮流は、おびただしい数のナルシストを量産しているが、それでも「我々は何者なのか」を定義づけるのは、人々の誠実さや他者とのつながりなのである。

Chapter 3

The Origins of
the Common Good

# 第3章 「コモングッド」の起源

過去を美化しないことは大切だ。前述した通り、アメリカの建国当時の「コモングッド（公共善）」の概念にアフリカ系アメリカ人やネイティブ・アメリカンは含まれていなかった。そもそも女性や財産を持たない貧しい人には投票権もなかった。にもかかわらず、建国の父たちは、はるかに高い包摂性を備えた社会を将来的に実現し得る、いくつもの原理を受け入れようとした。「自由」を保持する最善の方法は、人々自身が全力で「自由」を守り抜くと誓うことだと理解していたのである。建国の父たちの語る「美徳」とは、現代の私たちの言う、個人の親切心や寛大さとは異なり、「コモングッド（公共善）」への関心の高さを意味していた。良識を備えた市民がいなければ、この若き共和国アメリカは、権威主義の支配に屈してしまうと恐れたのである。

建国の父たちは最高に効率的な統治システムを作ろうとしたわけでも、最高の富を生み出すシステムを作ろうとしたわけでもなかった。彼らが望んだのは、最も良識ある人々を生み出すシステムであった。「我々には良識はないのか?」ジェームズ・マディソンは大仰に問い、「良識なしには、いかなる政治形態を用いても私たち市民に安心・安全を提供することはできない。人々の間に良識が存在しないのに、政治制度によって人々に自由や幸福を保障することができるなどと考えるのは奇想天外な思考である」と述べた。『ザ・フェデラリスト』において、マディソンは「人民は、通常、**公共の福利**を**意図**しているものだと考えるのは正しい」(第七一篇、太字は原著のママ)、「公共の福利、すなわち大多数の人民の真の福祉は、追求すべき最高の目的である。そして、いかなる政府の形態も、この目的を達成するにふさわしいものであるべきである」(第四五篇)と主張している。

ジェームズ・マディソンもトマス・ジェファーソンも、ともに一八世紀のフランス啓蒙主義者で、「共和制」を、市民が持つ祖国への「徳」を政治的源泉とする自己制御的な社会であると定義づけた哲学者モンテスキューの影響を強く受けている。エドモンド・バークも、市民的美徳と専制阻止との関連性に言及している。『現代不満の原因に関する考察』(一七七〇年)においてバークは、「悪い人々が連合したときには、善良なる人々が協働しなくてはならない。さもないと善良派が一人また一人と陥落していき、卑劣な闘争の中で同情もされず犠牲になるだけだ」と述べている。それから二世紀あまりのちにマーティン・ルーサー・キング牧師は合衆国の市民権を求める闘争で同じ論理を展開した。「究極の悲劇とは、悪い人々による抑圧や残虐な行為ではなく、善良なる人々がそうした出来事に対して押し黙ってしまうことである」。

フランス人のアレクシ・ド・トクヴィルが一八三〇年代にアメリカを訪れた際、この国の若き民主主義の強靱さは、彼の表現によるところの「心の習慣（habits of the heart）」にある、つまりアメリカ市民の経験から立ち上ってくる「道徳的、および、知的性向の総体」が自律的な政府を成していると述べている。それはアメリカ人が個人的利害よりも公的な責任を優先することを学んだ、自己統治によってもたらされたものである。「公的課題に取り組むことになった市民たちは、私的な利益から離れざるを得ず、ときには自分以外の事柄にも着目しなければならなかった」とトクヴィルはしたためている。たとえば、あるニューイングランドの市民は「自らの野望と未来」を自分の街にささげ、「自らが負うべき義務の本質、あるいは、自らが主張できる権利の範疇について、明晰かつ実践的に思考し、それを蓄積している」と述べている。

アメリカの地に降り立った人々が定住したニューイングランドに見られる「公共心」は、男たちによる納屋の棟上げや、女たちのキルトの集まりを通じて、アメリカ中で広まっていった。このような傾向は、今でも、地元の消防団ボランティアや自然災害の際の互助活動などに見ることができる。またこうした寛大さが、町を挙げて病院を設立するとか、高卒者を大学へ送り出すとか、あるいは、若き男女をみんなの善のためにと戦争に駆り立てたりもする。アメリカでは伝統的に、市民による改善運動や慈善活動や、熱狂的な地元愛の宣伝などが見受けられる。かつての大衆文化は、陳腐さや眉唾といったことを抜きにして、このような市民の心情をそのまま描き出したものだった。ロバート・シャーウッドの演劇作品やジョン・スタインベック、ウィリアム・サローヤンの小説、アーロン・カプランの音楽やフランク・キャプラの映画作品などがそうだ。『素晴らしき哉、人生!』のラストシーンは示唆的だ。ジミー・スチュワート扮する主人公のジョージ・ベイリーは、隣人たちが常に彼のことをあてにしてきたように、彼もまた隣人たちを頼ってよいのだということを学ぶ。彼らはみな「コモングッド(公共善)」によってしっかりと結びついているのである。

自己統治によってもたらされる善(good)とは、困窮している人々に対する寛容さばかりではなく、成功するための機会を他者に平等に与えることも含まれる。一八九二年、社会慈善家ジェーン・アダムスは、シカゴの貧困地区に創ったハル・ハウスについて、「施し」ではないと説明している。ハル・ハウスの目的は、恵まれない人々が最大限に自らの人生を謳歌できるよう手助けすることであり、そしてそれこそがアダムスが考える、アメリカ人のシチズンシップの中心的な責務であった。彼は「それを社会奉仕と呼ぶことは、この言葉を不当に用いているばかりか、善良な市民が負うべき義務をも蝕む行為」であると述べている。他者にも同等の機会を与えるというのは、「コモングッド（公共善）」として本質的なことであったのだ。キング牧師も一九六三年のワシントン大行進の際、ナショナル・モールで行った演説において、権利の平等は「アメリカの夢に深く根差している」と、明確に述べた。

私たちが互いに負うべき義務のいくつかは、旧約聖書や新約聖書にも見受けられる。キリスト教初期においては、ヨハネス・クリュソストモス（三四七年〜四〇七年）が「最も完全なるキリスト教の法則、最も厳格な定義、至高の極みとは、すなわち、コモングッド（公共善）の追求である。人間を神に倣う者せしめているのは隣人への思いやりにほかならないのだから」と著している。そもそもアメリカという国は、信心と慈善と他者への善を固く誓った人々による宗教的コミュニティとして始まった。ニューイングランドに降り立った清教徒たちの至高の目標は、倫理的かつ精神的な価値を大切に育てることができるコミュニティを創ることであった。イギリスを離れるよりも前にすでに、マサチューセッツ湾植民地の初代知事に選出されていたジョン・ウィンスロップは、一六三〇年に彼ら清教徒たちがアメリカに上陸する直前、セーラム湾の船上で説教を行い、自分たちはマタイ伝の「山上の垂訓」を、これからアメリカの地で始めるのだと述べた。「私たちは互いを楽しませ、他者の状況を自らのものと考え、ともに喜び、ともに弔い、働き、苦痛を分かち合わなくてはなりません。常に、私たちのコミュニティの一員であることを自分の眼前におかなくてはなりません」。ウィンスロップは、「自由」とは、利己的な望みを満足させるためではなく、「善と正義と誠実さ」を実現するための免状だとみなしていたのである。

互いに恩恵や義務を負っているという考え方は法的合意においても存在し、古くは紀元前一七五〇年ごろ、メソポタミア時代バビロニアのハンムラビ法典や、古代ローマの市民権を象徴する原則「我はローマ市民なり（キーウィス・ローマヌス・スム）」にも見受けられる。これら古代社会では、多くが奴隷や囚われ人で市民権を持たなかったのだが、市民権を持つ人たちは、別の市民のことを、法の下に同等な存在とみなすことを誓約していた。一一〜一二世紀ごろになると、ヨーロッパ各地で、宣誓法や契約法に基づく多くの封建都市が誕生した。フランドル地方の一都市エールでは「人々は兄弟のように他者と助け合うこと」を誓約していた。市民権という考え方が、一二一五年の「マグナ・カルタ」、一六八九年の「権利の章典」、一七八七年の合衆国憲法と発展していくにつれ、政治的権利の平等性や相互義務の考え方も拡充していった。しかしこうした発展は簡単に成されたわけではなく、激しい闘争を伴うことも多く、ときには問題の多い妥協を強いられることもあった。アメリカでも女性は一九二〇年まで選挙権を得ることができなかったし、公民権法が一九六五年に施行されたにもかかわらず、今日でも多くの黒人の市民権や機会の平等性が事実上否定されている。同性カップルが婚姻する権利を得たのはようやく二〇一五年のことであるし、この国にやってきた移民に市民権を保障するかどうか、また市民権のない人々はどう扱われるべきか、現在なお激しい議論が続いている。

市民的義務という契約は現代を生きる人々だけを対象としているのではない。このことは私たちが生まれる前の世代やまだ生まれていない世代にも関わることだ。建国の父たちにとって、合衆国憲法と政治制度は、世代を超えて人々を道義的に結びつける役割を果たした。ジェームズ・マディソン大統領は米英戦争の時期にしたためた国家財政に関する書簡の中で、「物事の性質として、ある世代から次の世代へ様々な義務が継承されるということにはある程度根拠があるように思われる」と述べている。「財政赤字の負担配分とその規模は、将来世代ではなく現役世代のほうが多くを負うようにすべきであり」「そうすることで公平性が担保され、相互の利益が促進されるだろう。死者と生者という世代間の債務問題で忘れてはならないのは、生者が負わされる負債が、死者が生み出した利益を超えないようにすることである」。エイブラハム・リンカーンも若いときにすでに道義的結束の大切さを明瞭に理解していた。一八三八年に彼は初めて行った演説で、「『現代に生きる』私たちは、過去のいかなる時代にもないほど本格的に、市民の自由や信教の自由を擁護する政治機構を備えた政府の下に存在しています」「私たちが自らの存在を高めようとするとき、私たちは自らが、こうした根本的な恩恵の数々を法的に受け継いでいることに気づかされます。私たち自身が［市民的自由などの］恩恵の獲得や確立に苦労したのではなく、それらは、すでにこの世に亡く今や哀悼されるべき祖先たちが、その昔、我慢強く、勇敢かつ愛国的にまい進したおかげで、当世の私たちに法的財産として遺贈されたものなのです」と述べている。それから二三年後の大統領就任演説でもリンカーンは、アメリカの「思い出という神秘的な和音」という表現で、過去と未来をつなぐ世代間の約束事に言及している。

ある特定の人種であるとか宗教や民族ではなく、アメリカ合衆国そのものが持つ理想とアイデンティティは、まさにこの誓約によってもたらされている。政治哲学者ベンジャミン・バーバーは、「アメリカという国が巧みだったのは、高い理想と人々を結びつけるにあたり、人々の間にある激しいまでの愛国的心情を活用したことである」と述べている。バーバーによれば、人々に国家的アイデンティティをもたらす「同族意識」の源泉は、高き理想が謳われたアメリカの公文書や声明にあるという。独立宣言や合衆国憲法、アメリカ権利章典、歴代大統領の就任演説、リンカーンのゲティスバーグ演説や、キング牧師が一九六三年のワシントン大行進の際「ついに自由になった！」と述べた演説などである。これらの公文書類それ自体が人々を結びつけるわけではなく、これらに通底する「心情」が人々を結束させるのである。公文書や声明に流れている心情は、現代の私たちと、先達たちが信奉した理想や責任とを結びつけ、さらにそれを将来世代に遺す役割を再認識させてくれるのである。

世代を超えた心情は、アメリカ人が共通して抱く言外の真意となって、日常の語らいの中に表れる。それは、保守やリベラルなどのイデオロギーをも通り越し、その核心は、原理的に気高く、人生を肯定的にとらえる心情だ。その大部分は、伝統よりも理念から生まれた合衆国憲法という、アメリカの政治的独自性によってもたらされたと言えるが、同時に、政治よりも繊細ではあるが同じくらい深い意味での「文化的」独自性、つまり、アメリカ人自らが語り継いだ「神話」に根差した国家的感覚も影響している。ドイツの政治学者カール・フリードリッヒは一九三五年に、「アメリカ人であるためには理想、フランス人たるには事実」と両者の違いを述べた。その理想主義はリンカーンをして、アメリカは人類にとって「最善かつ最後の希望」になるかもしれないと言わしめ、それから約二〇年後、作家エマ・ラザラスは、「自由の女神の台座に刻まれた彼女の詩において」アメリカにやってくる世界中の「疲れし者、貧しき者、自由の空気を吸わんと熱望する人たち」を歓迎した。これに触発されたスコットランド移民で、フェミニストで奴隷解放論者であり、公的教育の無償化を提唱した女性著述家フランシス・ライトは、「何をもってアメリカ人であるとするのか。生まれて初めての呼吸をメイン州ですること？　ペンシルバニアですること？　それともフロリダで？　あるいはミズーリで？　くだらない！　そんな了見の狭い理由で、出生のあら探しをするなんて！　合衆国の憲法法規を遵守する者、独立宣言の原則を心に誓い、実際に自らの生活の中で市民としての義務を果たしている者はみなアメリカ人である」と書いた。そして最高裁判事ヒューゴ・ブラックは、アメリカの「コモングッド（良識）」の感覚とは、すなわち「憲法的信条」であると総括した。

ここまでをまとめると、私たちが共通して持っている「善」とは、法の意図と精神をも含めた「法による統治」を尊重し、実践し続けることであり、民主的な仕組みを守ることであり、真実を見出し広めていくことであり、変化を受け入れ互いの相違に寛容であることである。コモングッドとはまた、誰にも等しく政治的な権利や機会を保障することであり、ともに市民生活に参画することであり、ともにそれを犠牲にすることでもある。そしてこれらは市民が保有する権利や自由として憲法に書かれているわけではないことに留意しなくてはならない。これらはアメリカ国民として互いに負うべき本質的事項なのである。私たちはありとあらゆることに激しく反対するが、それでも、私たちは互いに対するコモングッドを共有していかなくてはならない。なぜなら、コモングッドこそが私たちを「市民」たらしめるから、あるいは、たらしめてきたからである。私たちはときにコモングッドを十分に果たせなかったが、それでもなおコモングッドは、アメリカ人が懸命に実現をめざし続けている理想である。「コモングッド（公共善）」は人々に善悪の判断を示し、他者に影響を及ぼすような決断を導き、市民的義務に対する理解を高める。コモングッドはまた私たちを結びつけている。コモングッドとは広範で高貴な義務なのである。

現代に生きる私たちにとって道義的な問題の核心にあるのは、はたして現代人は今も「コモングッド（公共善）」にきちんと取り組んでいるのかどうかである。

*Part 2*
*What Happened to the Common Good?*

# 第2部

# 「コモングッド」に何が起こったか

*Chapter 4*

*Exploitation*

# 第4章 搾取

さて、こういうふうに説明してみよう。「コモングッド（共益）」とは何世代にもわたって積み上げられた「信頼」の集合体である。前章で述べてきたように、「信頼」とは多くの人々が共有する基本的な理想のことであり、そしてこの「信頼の集合体」には大きな価値があり、人々の生活をよりわかりやすく、より安全なものにする力がある。しかし、まさに人々が自発的に維持しようとする大きな価値があるがゆえに、自分本位の利益のために「コモングッド（共益）」を搾取しようとする輩（やから）が出てきてしまう。

いかなる社会システムにおいても、人々に広く受け入れられている暗黙のルールを誰よりも先に破ることで人々を出し抜き、利益を得ることは可能だ。小さな町を例にとろう。その町の住民にとっては、物を盗む人などいないというのが暗黙の了解事項なので、誰も玄関に鍵をかけたり窓を閉めたりしない。このような状況では、強盗しようと決めた泥棒は容易にことを運べてしまう。何の苦労もなしに他人の家に侵入できるからだ。しかし、このときの先行者の優位性は、人々がひとたび災難から学習し、玄関や窓を閉め始めたとたんに効力がなくなる。

現代社会には多くの暗黙のルールが存在するが、このルールを社会的制約と考えず、利益を得る機会とみなして自分本位に利用する人々がいる。「そんなことをする人がいるなんて、思いもしなかった」というのは、文字通り、暗黙のルールを自分本位に利用する人に出会ったことがなかった人の典型的な反応だ。しかし、ひとたび搾取が起こってしまえば、「人は盗みを働く、だから玄関や窓を閉めなさい」というようにルールを変えざるを得ない。それからは似たような搾取が起きないよう、誰もが対策を取る羽目になり、それは往々にして不便で、時間の無駄で、別の意味で高くつくことが多い。

法律はときに、非常に細かく複雑なものにならざるを得ない。税法にあいまいな条項があるのを最初に発見し、富裕な顧客たちに大金を節税させれば、その税理士は、法が抜け道を防ぐべくより精緻なものに改正されるまでの間は、一番手ならではの利益を手中にできる。しかしそのせいで、それ以降はすべての人が以前よりも多少複雑な条項に取り組む羽目になる。こんなことが、常に法規のあいまいさを探している高額な税理士の数だけ起こり得ると考えれば、なぜ今日の税法がこんなにややこしいのか腑に落ちるというものだ。

「信頼」がまとめてどこかへ消えてしまうこともある。正直な中古車販売店主であっても、いい加減な販売店主とは違うことを明確に証明できないとなれば、自ら販売する中古車の品質を保証する意味を感じなくなるだろう。すると最終的には誰も中古車販売業者を信頼しなくなってしまう。連邦議会議員のほんの数人が、引退後に自ら監督していた業界でロビイストとなって高給をもらうことで、ほかの議員たちもロビイストに転身するようになり、そうなれば、国民は、現職の国会議員たちが「コモングッド（共益）」をもって行動しているとは信用しなくなるだろう。

搾取を食い止めなければ、競争力でさえも規範を毀損する。命を救うための医薬品の薬価をつり上げる製薬会社が一社でも現れれば、同種の医薬品を出しているCEOたちは、投資家から同じことをせよと圧力を受ける。どこかの企業がCEOに過去最高の報酬を与えれば、競合他社のCEOにもそれ相応の額が期待される。政治道徳もまたしかり。インターネットで偽の情報を拡散してはいけないという不文律を無視した候補者が、対立候補に対してそれをやって当選したとなれば、その後に出馬する候補者たちには、偽情報をネットで拡散することへの躊躇が減るだろう。大統領候補が納税申告書の開示を拒否したのに何の報いも受けなければ、今後の大統領候補は開示義務をさほど重要だとは思わなくなるだろう。一度、規範が破られ、そのことへの結果責任が問われないとなれば、ルール破りは今後も横行するはずだ。

規範を犯しても何の責任も問われないとすると、破った者が巨大な利益を得るかたわらで、その他大勢の人々が、規範破りで生じた負担を負わされることになる。規範を破られないよう「鍵」を買わなくてはならないし、法律もより込み入ったものにならざるを得ず、不届き者を監視するために監督官や監査人や警備員を新しく雇わなくてはならない。こうしたお役所仕事が増えれば様々な取引の進行が妨げられ、人々の間の猜疑心や不信感が政治経済システム全体を覆い始めるだろう。

数十年前、政治学者ジェームズ・Q・ウィルソンは、貧困地域の建物の壊れた窓ガラスがそのまま放置されていると、「ここでは割れ窓など誰も気にしない」のだというサインになると指摘した。窓ガラスを割ってはいけないという規範を誰も守ろうとしないので、割れ窓がさらなる投石を誘い、より多くの窓が割られていく。多くの窓ガラスが壊されるにつれ、地域生活の別の側面が露わになってくる。すなわち、「ここではやりたいようにやっていい、他の人々もみな好き放題しているのだから」という暗黙の規範ができ上がるのだ。

この「割れ窓理論」が、些細で恣意的な法の執行を招くことになり、多くの貧困地区をさらに台無しにしてしまった。一方で法の執行者たちは、私たちの社会における最大の窓ガラスが、極めて著名な人々が投げる石によって粉々に割れていることを、何度も無視してきたのである。これから示すように、富と権力を持つ一握りの人々が、さらに多くの富と権力を手中に得んがために、社会に広がる「信頼」を搾取し始めたのは、ほぼ五〇年前であった。すると、搾取が手軽に行えて、金銭的にも恵まれることを知った他の人々もこれに倣った。信用を搾取する者たちは、こう言っているのも同然だ。「私はどんな手段を使ってでも、可能な限りの富と権力を手中に集める。慎み深く責任を持つなんていうのは負け犬がすることだ」。アメリカがマーティン・シュクレリのような人間を何人も生み出したことで、かつては「コモングッド（共益）」と定義され履行されてきた暗黙のルールが、侵食され始めたのである。

一九六〇年代半ば以降に見られる暗黙のルールの崩壊を、大まかにまとめると以下の通りである[1]（役職等はすべて当時）。

一九六四年　**トンキン湾事件**　リンドン・ジョンソン大統領が、北ベトナムがトンキン湾で「哨戒」活動に当たっていたアメリカの駆逐艦に対して「いわれなき攻撃」を仕掛け、さらに、アメリカの二隻の艦艇に「意図的な攻撃」を行った、と虚偽の主

---

（1）訳注　これらの一部は、ヒュー・ヘックロが著書 *On Thinking Institutionally*（2011）の中で取り上げている。ここに感謝を込めて。

張をしてベトナム戦争の激化を正当化した。

一九七一年　**ペンタゴン・ペーパーズ**　漏洩された国防総省の報告書によれば、ジョンソン政権はベトナム戦争の不拡大を公約しつつ、実際には秘密裡に本格化させていた。

一九七一年　**パウエルの政策メモ**　この年一〇月に最高裁裁判官となるルイス・パウエルは、指名二カ月前の八月、商工会議所幹部にあてた政策メモにおいて、企業の経営者たちに、企業の経済力をもっと積極的に活用して政治的影響力を獲得せよと説いた。

一九七二—七四年　**ウォーターゲート事件**　ワシントンDCのウォーターゲート・ビルにあった民主党全国委員会の本部が、ホワイトハウスが仕掛けた秘密工作によって侵入を受ける。再選を狙うニクソン大統領とその側近は、この事実を隠蔽。さらにニクソン大統領は「政敵リスト」を保持し続け、リストに名前がある人々に連邦捜査局（FBI）を使って嫌がらせをした。

一九八〇年　**アブスキャム・スキャンダル**　FBIのおとり捜査により、連邦議会議員七名が政治的便宜を図る見返りにわいろを受け取ったとして有罪判決を受ける。

一九八五年　**カール・アイカーンによるトランス・ワールド航空の敵対的買収**　乗っ取り屋アイカーンは、のちに同社の資産を売却し、それを彼が買収のために借り入れた負債の返済に充てた。

一九八六―九五年　**貯蓄貸付組合（S&L）危機**　主に住宅ローンを手掛ける貯蓄貸付組合は三二三四あったが、そのうち一〇〇〇以上が倒産、その救済のための納税者負担額は一三二一億ドルに達した。数名の政治家がわいろを受け取ったとされる。

一九八六―八七年　**イラン・コントラ事件**　ロナルド・レーガン政権時、安全保障担当補佐官らが共謀して、アメリカ製の武器をイランの革命防衛軍に売却。通常価格の五倍で売却し、その利益の一部を極秘にニカラグアの反共産主義武装集団コントラに与えていた。これは明らかに武装集団に対する援助を禁止する連邦法に違反しているが、レーガン政権は当初この事実を否定。数年後、ジョージ・H・W・ブッシュ大統領は、イラン・コントラ裁判が始まる前に、関係者らに恩赦を与えた。

一九八七年　**ロバート・ボーク判事の任命否決**　最高裁判事候補として指名を受けた共和党の推すボーク氏に対し、反対派が激しい攻勢をかけ、敵意むき出しの民主党が推した新候補に敗北した。

一九九〇年　**マイケル・ミルケン有罪**　ウォール街の投資会社ドレクセル・バーナム・ランバート社のジャンク債部門を率い、企業乗っ取り屋として知られたミルケン氏が、連邦証券取引法の詐欺罪で有罪となる。

一九九一年　**キーティング・ファイブ事件**　上院議員五名が貯蓄貸付組合から政治献金を受け取り、その後、貯蓄貸付組合に対する捜査を妨害していたことが判明（一九八九年、民主党院内幹事トニー・コエーリョは貯蓄貸付業界およびジャンク債にまつわる倫理違反を暴露され辞任）。

一九九二年　**下院ラバーゲート事件**　下院議員が銀行の特別措置で優遇されていたことが発覚。元連邦議員四名が不正行為によって有罪判決となる。

一九九三―九八年　**ホワイトウォーター疑惑**　クリントン夫妻が出資した一九八〇年代の土地取引を含む行為が告訴され、クリントン夫妻の友人やビジネス関係者らとともに地方判事一名とアーカンソー州知事に有罪判決。

一九九五年　**ダン・ロステンコウスキー事件**　下院歳入委員会委員長ロステンコウスキーが横領の罪で有罪判決を受ける。

一九九五年　**ユナイテッド・ウェイ事件**　アメリカ最大級の慈善団体ユナイテッド・ウェイで、長期にわたって本部ＣＥＯを務めたウィリアム・アラモニーと最高幹部二名が、派手な生活を続けるため団体の資金を横領したとして有罪判決。ユナイテッド・ウェイの複数の地方支部ＣＥＯも団体資金の着服により有罪に。

一九九五年　**連邦政府閉鎖**　連邦予算をめぐってクリントン大統領と下院議長ニュート・ギン

グリッチの交渉が決裂、アメリカ史上初めて、連邦政府全機関が閉鎖された。

一九九七―九八年　**ニュート・ギングリッチのけん責処分**　下院は、下院議長であったニュート・ギングリッチが不正な金融取引に関わったとして、けん責および罰金処分に。その後、ギングリッチは下院議長職を辞任。

一九九八年　**ランパート・スキャンダル**　ロサンゼルス市警ギャング対策ユニットの汚職事件で七〇人以上の警察官が不当な暴行、偽証工作、不当な発砲、麻薬の窃盗および取引、銀行強盗、偽証、およびこれらの行為の隠蔽に関与。

一九九八―九九年　**クリントン大統領の弾劾**　ビル・クリントン大統領はホワイトハウスのインターンシップ生と性的関係を持ちながら、それを否定する証言を行い、偽証罪と司法妨害で弾劾された。その後、上院の裁判で無罪に。

一九九九年　**金融デリバティブ**　クリントン政権が、商品先物取引委員会委員長より「金融デリバティブ」の規制要請を受ける。しかし同政権は、ウォール街からの反発を受け、この要請を断った。

一九九九年　**グラス゠スティーガル法の廃止**　クリントン大統領は、議会共和党に賛同し、一九三〇年から続く投資銀行と商業銀行の業務分離を定めた同法を廃止。

二〇〇〇―〇七年　**ウォール街の金融ギャンブル**　規制緩和を活用して、ウォール街の大手金融機関がリスクの高い不動産ローンを引き受け、それらを安全な証券と組み合わせてパッケージ化し、無垢な投資家たちに再販。大手信用格付機関も金融機関との関係維持のため、こうしたパッケージ商品をトリプルAに格付けしていた。

二〇〇一年　**対テロ戦争**　九・一一同時多発テロの五日後、ディック・チェイニー副大統領が、ホワイトハウスがアルカイダと戦うには「闇の部分（ダーク・サイド）」に踏み込まなければならないだろうと警告。その一つが「ステラウィンド」のコードネームが付けられた極秘プログラム。この監視プログラムでは、国家安全保障局がアメリカ国内で捜査令状なしに盗聴したり、容疑者に拷問することが可能であった。拷問はジュネーブ合意違反である。

二〇〇一年　**アメリカ赤十字社スキャンダル**　九・一一同時多発テロの際、アメリカ赤十字社は犠牲者とその家族のための募金として総額五億ドルの寄付を集めた。ところがそのうち約半分が赤十字社の別業務に使われていたことが議会調査で明らかになり、赤十字社トップのベルナディン・ヒーリーが辞任。

二〇〇一年—〇二年　**企業による横奪やインサイダー取引の横行**　アデルフィア、タイコ、ワールドコム、エンロンなどの大手企業が利益を虚偽報告し、会計帳簿上の債務を隠蔽。エンロンの元CEOジェフリー・スキリングは実刑判決を受けた。料理やライフスタイルが専門の女性実業家でテレビ・パーソナリティーのマーサ・スチュワートは、インサイダー取引容疑で短期間の実刑判決。

二〇〇二年　**アーサー・アンダーセン事件**　大手会計事務所アンダーセンは、エンロン事件関連の書類を破砕したとして司法妨害の有罪判決を受けた。その後同社は破たんした。

二〇〇二年　**オークション会社による価格操作事件**　高級競売市場の九割を掌握するサザビーズ社とクリスティーズ社が共謀して価格操作に関与したことが発覚。サザビーズのオーナー会長の大富豪アルフレッド・トーブマンが罰金刑と懲役刑を受けた。

二〇〇三年　**ドットコム・バブル事件**　インターネット関連の新興企業が活況を呈した「ドットコム・バブル」が崩壊した後、証券取引委員会が、すべての大手投資銀行において投資家からの搾取に加担する行為、たとえば、アナリストが内々にはクズと評価していることを承知でドットコム系企業株を投資家に推奨していたことなどを突き止めた。すべての大手会計事務所も業務怠慢を認め、罰金を払った。

二〇〇三年　**大量破壊兵器**　ジョージ・W・ブッシュ政権はサダム・フセイン政権が大量破壊兵器を所有していると主張、そのことを理由にイラクに侵攻。しかし、大量破壊兵器はついに見つからなかった。

二〇〇五年　**ジャック・エイブラモフ事件**　大物ロビイストのジャック・エイブラモフとマイケル・スキャンロンは、先住民居留地にカジノ・賭博施設の開設をめざしていた先住民らに対し、法外なロビイング費用を請求、また、カジノ建設に賛成票を投じるよう連邦議員に贈答品や政治献金を供与していた。ボブ・ネイ議員および、下院院内総務トム・ディレイの側近二名が直接関与していた。

二〇〇七年　**ゴールドマン・サックスによる利益相反行為**　自らの顧客にリスクの高い不動産ローン関連証券の購入を勧める一方で、同じ証券に対して大量の売り注文を出していた。

二〇〇八年　**投資銀行ベア・スターンズ社の経営破たん**　同社が、不動産ローン関連証券に特化してオフショアで投資していたヘッジファンドが破たん。信用格付機関が何百ものサブプライム不動産担保証券の格付けを突然引き下げたため、銀行、証券会社、ヘッジファンド、投資信託、その他多くの投資家の手元には、暴落によって価値がほとんどなくなり、誰も買わない不動産担保証券が残ることとなった。

二〇〇八年　**リーマン・ブラザーズの経営破たん**　同社の破たんがアメリカ政府による主要銀行救済決定の端緒となった。

二〇〇八年　**バーニー（バーナード）・マドフの巨額投資詐欺事件**　証券界の大物マドフがアメ

リカ史上最大の約六四八億ドルに上る金融詐欺で逮捕される。

二〇〇八―一〇年　**ウォール街金融危機**　九〇〇〇万人以上の住宅所有者が抵当権実行によって家屋を失い、約九〇〇万人が失職した。しかし、主要銀行の経営者は誰一人として収監されることも、起訴されることもなかった。最大手のＣＥＯらは自分たちに巨額のボーナスすら出していた。

二〇〇九―一七年　**ウーバー社創業者兼ＣＥＯカラニックの解任**　カラニックは、同社を世界最大手にしたいがために、輸送・安全規制を軽視し、競合会社を出し抜くために法の抜け穴やグレーゾーンをフル活用した。また業績の高い社員のことは、パワハラやときにセクハラを働いていても、昇進させ保護した。さらに、グーグル社の自動運転技術を奪ったり、法執行を逃れるためのアプリを使ったり、乗客のプライバシーを侵害したりしたほか、競争相手に対しては略奪戦術を取った。カラニックは最後は取締役会によって解任された。

二〇一〇年　**ディープウォーター・ホライズン原油流出**　ＢＰ（ブリティッシュ・ペトロリアム）社のメキシコ湾にある石油掘削施設が爆発、大量の原油が湾内に流出する史上最悪の事故となった。

二〇一二年　**港湾公社会長への便宜供与**　ユナイテッド航空はニューアーク・リバティー国際

空港とサウスカロライナ州コロンビア市を結ぶ直行便路線を、ニューヨーク・ニュージャージー港湾公社会長デイビッド・サムソンの要請により、赤字を承知で運航。サムソンはニューアーク空港に強い影響力を持ち、コロンビア市近郊に別荘を保有していた。のちに、ユナイテッド航空CEOジェフリー・A・スマイゼックはこのスキャンダルで解任されたものの、退職手当として総額二八六〇万ドルを得た。

二〇一三年 **連邦政府閉鎖** 予算案が議会で合意に至らず、連邦政府が再び閉鎖に。

二〇一三年 **SACキャピタル事件** 大手ヘッジファンドの同社はインサイダー取引を認め、一八億ドルの罰金を支払った。だが、創業者のスティーブン・A・コーヘンは何ら罪に問われなかった。

二〇一三年 **ブリッジゲート報復渋滞疑惑** ニュージャージー州のクリス・クリスティー知事（共和党）の側近がハドソン川に架かるワシントンブリッジを封鎖し大渋滞を引き起こした。これは、二〇一三年知事選で同知事を応援しなかったフォートリー市のマーク・ソコリッチ市長（民主党）に対する報復措置であったことが明らかになった。

二〇一三年 **ドーピング・スキャンダル** 世界的な自転車ロードレース選手ランス・アームス

トロングが、一〇年以上否認し続けていた、自らのドーピングを告白。

二〇一三年　**サッカー・スキャンダル**　ＦＩＦＡへの広範囲な連邦捜査の中で、アメリカ・サッカー協会の副会長であったチャック・ブレーザーが、恐喝や電子詐欺、マネーロンダリングを含め一〇件に上る汚職への関与で有罪となる。

二〇一四年　**ゼネラルモーターズの大規模リコール**　ＧＭはイグニッション・スイッチの不具合により全世界で約三〇〇〇万台をリコール。同社は少なくともその一〇年前から不具合を認識していたにもかかわらず、何ら改善策を講じてこなかった。その結果、死者は少なくとも一二四人に上り、二七五人が怪我をした。

二〇一五年　**過剰な党派対立が高まる**　中間選挙で共和党が上下両院において過半数を獲得、共和党の重鎮のミッチ・マコーネル上院院内総務は、彼の「第一目標」は民主党オバマ大統領を辞任に追いやることだと勝利演説。

二〇一五年　**マーティン・シュクレリ**　チューリング・ファーマシューティカルズＣＥＯシュクレリが、ダラプリムの薬価を値上げ。ダラプリムは、胎児やＨＩＶ感染者・エイズ患者が罹ると死に至る危険がある寄生虫感染症の治療薬で、シュクレリは一錠当たりの価格を一三・五ドルから七五〇ドルにまで引き上げた。

二〇一六年　**シカゴ市警スキャンダル**　司法省はシカゴ市警が、アフリカ系アメリカ人に対して過剰な暴力行為を行ってきたと断定。しかし、この報告が発表されたのは、シカゴ市警の警官ジェイソン・バン・ダイクによるラクアン・マクドナルド氏の射殺から二年も経ってからであった。

二〇一六年
**ミラン・ファーマシューティカルズによる価格つり上げ** 同社は、アナフィキラシーショックを緩和する「エピペン緊急注入セット」に一ドル分のエピネフリンしか梱包されていないにもかかわらず、セットの価格を六〇九ドルに値上げ。ミラン社は救命製品において事実上独占状態であった。同社の売上は一一〇億ドルに跳ね上がり、二〇一六年、会長のロバート・クーリーは九八〇〇万ドルの報酬（過去のストック・オプション一億六〇〇〇万ドルの行使分を含む）を得た。

二〇一六年
**KPMGスキャンダル** 四大会計事務所の一つである同社のパートナー（監査責任者を含む）らは、エンロン事件後に発足した監督機関「公開会社会計監視委員会（PCAOB）」による監査情報が事前に漏れていることを知りながら、そのことを申告しなかった。この漏洩情報によって、同社幹部らはどの監査が実施されるのかを事前に把握、該当する監査報告をクリーンにしておくことができた。

二〇一六年
**ジアンフォルテ候補による殴打事件** 共和党のジアンフォルテ候補は連邦下院補欠選挙の前日、自分の気に入らない質問をした記者を殴った。

二〇一七年　**ボルティモア市警スキャンダル**　司法省はボルティモア市警が組織的にアフリカ系アメリカ人に職権乱用をしてきたと断定。しかし、この発表も、同警察が関わったとされるフレディ・グレイ氏の死亡事件から一年以上経過した後であった。

二〇一七年　**ウェルズ・ファーゴ事件**　ウェルズ・ファーゴ銀行の経営陣は、行員に対し、顧客からの依頼も要望もないのに口座を複数開設させたり、必要のない自動車保険を顧客に販売するよう強要していた。

この年表は社会科学的サンプルとすることを意図しておらず、それぞれの不正や違法行為の度合いも一様でない。誰が考えても明らかに違法なものもあれば、権力の乱用や、法のあいまいさにつけこんだ搾取、また、多くの人が非倫理的だと考える行為もある。ここに含まれているのは、どれもが、「そんなことができるなんて知らなかった」「そりゃ間違っている」と多くの人々に衝撃を与えたものばかりであり、どれもが社会の「コモングッド（共益）」を軽視して、富や権力といった私欲を求めた結果である。そのせいで社会にシニシズム（冷笑）や不信感が蓄積されていったのだ。

またこの年表は、様々な違反行為が過去数十年の間に増加したことを証明するものではないし、一九七〇年代以前にはこうした行為がなかったなどと言いたいわけでもない。一九二〇年代のウォレン・ハーディング政権は、めまいがするほど汚職にまみれていたし、一九一九年のベースボール・スキャンダルでは、シカゴ・ホワイトソックスの選手八人が、野球賭博の儲けと引き換えにワールドシリーズで八百長試合をし、故意に負けたと訴えられた。警察の汚職と人種差別は一九世紀にまで遡るし、一九五〇年代や六〇年代ごろは、ＤＤＴやアスベスト、たばこ、あるいは、ラブ・カナル事件のような有毒廃棄物の投棄やシートベルトのない自動車も、企業側は安全であるとして人々を安心させていたのである。

あのころに比べて何が違うのかといえば、様々な不正がより深刻化している点だ。五〇年以上生きてきた人なら、コモングッドの崩壊を見逃しはしないだろう。元上院議員の故ダニエル・パトリック・モイニハンの言葉を借りれば、「逸脱行為の定義が下方へ落ちる」結果になっているのだ。これまでなら誰もが誤りだと判断していた行為が、通常のことだとみなされるようになってしまった。そしてこの国のあらゆる主要な機構に対する信頼が低下し、シニシズム（冷笑）が蔓延するようになったのである。

Chapter 5
Three Structural Breakdowns

# 第5章　三つの構造的崩壊

前章で挙げた事件や出来事の数々がきっかけとなって、世の中のゲームのルールは「コモングッド（共益）」を尊重するものから、「何が何でも手段を選ばず勝ってやろう」とするものへと大きく変貌した。特にこれから述べる三つの一連の事件は特筆に値する。どの事件でも、最初に発生した「信頼の搾取」には必要性や妥当性があったとされた。次に、そういう搾取が、他に手がないと追い詰められた人々や、不利な状況におかれた人々によって模倣された。時を経て、このような慣行が、しだいに当たり前のことになり、ついに社会のシステムの一部と化した。こうして、システム全体の品位を犠牲にしてでも富や権力を得ることが受け入れられていったのだ。

## 1．ニクソンのウォーターゲート事件→ロバート・ボークの公聴会→「手段を選ばず」勝つ政治

のちに「ウォーターゲート事件」として知られるようになった、リチャード・ニクソン大統領の辞任に至る疑惑は、アメリカの政治システムに衝撃を与えた。その後、錠をドアに付けるべく、議会は多くの改正法案を制定したが、これらの改革法は結局は、徐々に骨抜きにされ、最高裁判所によって違憲と判断されることとなった。ウォーターゲート事件は、「勝つためには手段を選ばない」政治の幕開けであった。

一九七四年、上院ウォーターゲート特別委員会の委員長として、公正かつ憲法尊重の姿勢が多くの人々から崇敬された、当時七七歳のサム・アービンは、最終陳述で「ウォーターゲートとは何だったのか」と問いかけ、ニクソン大統領と彼の側近には「政治権力への欲望」が強く、それが彼らの「倫理的思考と遵法感覚を失わせ、アリストテレスのいう『人間の善こそが政治の目的でなければならない』という格言に目をつぶってしまったのだ」と述べた。ニクソンの行為が恐ろしいのは、彼が良識をさげすみ、自分自身にひどく執着していた点である。ホワイトハウスでの会議の録音からは、ニクソンが絶えず自分のことばかり話しており（自分が何を必要とし、歴史上どんな位置づけになるか、あるいは自分の憎悪感など）、一度たりともこの国が必要としていることについて語らなかったことがわかる。ニクソンには、「コモングッド（共益）」が存在しなかったのだ。彼にとって唯一のことはリチャード・M・ニクソン自身であった。

実際に起こったことの詳細は、さらに衝撃的だ。一九七〇年、ニクソンは不法侵入や「違法捜査」をした人々を、国内治安上の危険人物と認定した。当初の目的は、一つにはダニエル・エルズバーグの名声を貶めることにあった。エルズバーグは、ベトナム戦争に関してジョンソン政権が国民を欺いていることを示す「ペンタゴン・ペーパーズ」をマスコミに漏洩した人物だ。ニクソンは強盗を雇い、エルズバーグの精神科医の事務所に侵入させ、エルズバーグを中傷する情報や反戦活動での彼の信用を貶める情報を探らせた。「ボブ、絶対に失敗するなよ」。一九七一年六月、ニクソンは大統領首席補佐官のH・R・〝ボブ〟・ハルデマンに、エルズバーグのことを指してこう言った。「あれをユダヤ人に盗まれておいて、逃がすわけにはいかない。わかっているね？」

一九七二年の初め、ニクソンは再選を見据え、民主党本部に盗聴器を仕掛けるなど、不法侵入を含む偵察・妨害工作にとりかかった。ニクソンの腹心たちは、ニクソンが強敵と見ていた民主党のエド・マスキー上院議員の運転手を買収し、マスキー陣営の内部メモや戦略文書の写真を撮らせた。ほかにもカネを払って、一九七六年大統領選で有力候補となりそうだった民主党のエドワード・〝テッド〟・ケネディ上院議員のセックスライフに関するゴシップを掘り起こした。ニクソンはハルデマンに「ケネディを盗聴したい」と告げ、彼らはケネディの警護隊に、引退したシークレット・サービスをボディーガードとして入り込ませた。そのボディーガードについてハルデマンは「彼は私の言うことは何だってやります」と請け合い、これに対しニクソンは「ケネディの野郎のネタを掴んで、七六年大統領選に出られなくできたら御の字だ」と応え、そして「面白くなるぞ」と続けた。ニクソンはもう一人の補佐官ジョン・アーリックマンに、ケネディを含む民主党の大統領候補になりそうな人物全員の納税申告書を国税局に調査させるよう指示した。「彼らの納税申告書を追跡できるか」と尋ねた。「私の言っている意味がわかるか。お宝がたくさんあるはずさ」。

一九七二年六月一七日の早朝、スーツに革手袋の窃盗団がウォーターゲート・ビルにある民主党全国委員会本部に侵入した。だが彼らはすぐに見つかり逮捕され、連邦捜査局（FBI）がただちに捜査を開始した。六日後、ジョン・ミッチェル司法長官はニクソンに、大統領からアメリカ中央情報局（CIA）に指示を出して、国家安全保障上の機密に抵触する恐れがあるためFBIが捜査するのはやめるべきだと言わせることを提案した。ニクソンも同意し、「容赦なく行こう」と指示した。「そっち［FBI］がそう出るなら、こっちはこう行くさ」。

窃盗団が捕まってから六週間後、ニクソンとハルデマンは窃盗団がFBI捜査官に何も話さないようカネを払うことを決めた。ニクソンは「カネを払うしかないな」「この件はそれで終わりだ」と言った。一九七三年三月二一日、法律顧問ジョン・W・ディーンはニクソンに、窃盗団がさらにカネを要求していると報告した。ニクソンが「いくら必要なんだ？」と聞くと、ディーンは向こう二年間で一〇〇万ドル程度欲しいようだと応えた。するとニクソンは「現金でなら渡せるかもしれない。どこで手に入るかも知っている」と述べ、二人はホワイトハウスに置いてある隠し資金を使おうと相談した。複数の胴元を使って資金洗浄し、もし裁判になっても大陪審員はこちらで選任して起訴を回避し、合衆国憲法修正第五条に基づいて量刑を受けずに済むようにするか、あるいは、記憶障害を主張すればよい。ニクソンはディーンの骨折りを褒め、「君は本当にうまく対応してくれた。この件を封じ込めたんだ。さて、再選もされたことだし、次の計画に着手しよう」と述べた。この違法行為に関する対話を録音したテープが流出した四日後の一九七四年八月九日、ニクソンはついに辞任に追い込まれた。

このように詳述してみると、ニクソンが自らの権力を保持せんがために、大統領職に伴う規範の数々をいかにないがしろにしたかが、おわかりいただけたと思う。ニクソンはその言動から辞任に追い込まれ、これをきっかけに多くの改革もなされたが、アメリカ国民の政治に対する信頼は大きく損なわれてしまった。市民の怒りは、次に大統領になったジェラルド・フォードがニクソンに特赦を与えたため、収まることはなかった。フォードにしてみれば、刑事裁判にかけられ、収監されるかもしれない大統領の苦悩や凋落を、国民にさらしてはいけないと考えたのである。だが、ニクソンが責任を取らずに済んだという事実は、多くのアメリカ人にとって、「コモングッド（共益）」に対する新たな攻撃にほかならなかった。あろうことか、ニクソンは、自分はいかなる犯罪にも関わっていないと言い続けたのである。一九九七年、イギリス人記者デイビッド・フロストのテレビインタビューの中で、ニクソンは「国民を失望させてしまった」とは認めたものの、一切の違法性を認めようとはしなかった。「私は一連の行為を隠蔽とは考えていない。隠蔽しようとも思っていなかったのだ。言わせてほしい、もし私に本当に隠蔽するつもりがあれば、実際そうしたはずだ、信じてほしい」と述べ、さらに「大統領が隠蔽行為をしたとしても、それは違法ということにはならない」とも付け加えた。

ニクソンばりの「コモングッド（共益）」の軽視は、今日においても見受けられる。

「手段を選ばず勝つ政治」として次に思い浮かぶのは、一九八七年、ロナルド・レーガン大統領が最高裁判事にロバート・ボークを指名候補とした上院公聴会であった。私はボークがフォード大統領の下で法務局長を務めていた一九七〇年代後半、スタッフとしてボークの下で働いていた。多くの点で私は彼に賛同できなかったが、それでもボークのことは鋭い知性と誠実性を備えた人だと常々思っていた。レーガン大統領が彼を任命したとき、私はボークが保守派寄りであることは懸念したが、コモングッド（共益）を大切にする思慮深い法律家であることを疑ってはいなかった。

ところが驚いたことに、ボークの任命を阻止しようとしたリベラル集団が、これまで到底認められてこなかった手を使ったのである。ボークを中傷する大量の郵便や広告、元ローマ・カトリック修道女だったボークの妻が中絶に関する彼の判断に影響を及ぼしたという根拠のない言い掛かり、ボークが地元のレンタル・ビデオ店で借りた作品リストの漏洩（結局何ら興味深いものは出てこなかった）などのほか、ボークが判事になれば「女性はヤミ中絶をせざるを得なくなり、黒人は食堂の隔離コーナーで昼食をとるしかなく、素行の悪い警官たちが真夜中に家宅捜査にやってきて一般家庭のドアをけ破ることになるだろう」と非難した。イデオロギーをめぐってあまりに個人的で狭量な焦土戦術が繰り広げられ、公人を組織的に誹謗中傷することを「ボークする（to Bork）」という新語ができたほどだった。まさに「やりたい放題」である。最高裁判事の指名検討においてそれまで想定されていたプロセス、たとえば丁重な議論、上院全会一致の尊重、議員同士の礼節などが、「勝つ」という目的の前に、崩壊してしまったのである。

ボーク指名に反対するリベラル派はこの闘いには勝利したが、これ以降の最高裁判事指名争いにおいて、「勝つためなら何でもあり」戦術に道を開いてしまった。一九九一年のクラレンス・トーマスの指名争いでは、トーマス支持者が勝利したが、その争いも激しいものであった。ボークのときに使われた戦術が、少なくとも共和党議員の間で正当化されてしまったのは、二〇一六年、オバマ大統領が指名した最高裁判事候補メリック・ガーランドの公聴会の開催を、オバマにはまだ一〇カ月程度の任期があったのにもかかわらず、「次の大統領選後に、共和党系の判事を指名したい」上院院内総務ミッチ・マコーネル（共和党）が拒否したときであった。反ボークのリベラル派は、自分たちは「コモングッド（共益）」のために行動していると信じていたはずだ。だが彼らの戦術は、もう一つの「割れ窓」だったのだ。アメリカの政治に「勝つためなら何をしてもいい」という戦術を持ち込んでしまった。それからというもの、党派性を保持することはほとんどなくなったのである。

一九九五年の初めにニュート・ギングリッチが下院議長になると、彼は「勝つためなら何でもあり」戦術を新たな極限に引き上げた。当時、私は労働長官であったが、ギングリッチが実権を握ったとき、まるでハリケーンが襲ってきたように周囲の気圧が大きく変わったことを覚えている。それまでも私は、労働長官として議会で証言する際に、共和党の上院や下院の議員から手厳しい質問を浴びせられていた。そうすることは彼ら議員の役割だからだ。ところがギングリッチが就任した一九九五年一月以降は、これが言葉の暴力に変わった。ほぼ一夜にして、労働省には、この新任下院議長からの、些細な事案に至るまであらゆることに関する公文書や情報の照会請求が殺到するようになった。私には、共和党が私を血祭りに上げようと、どんなに小さな瑕疵や手抜かりをも探し出して、攻撃しようとしているのがわかっていた。首都ワシントンは議員が合意形成を模索する場から、戦場へと変貌したのである。「歩み寄り」は「瀬戸際作戦」に、「交渉」は「妨害」に、まともな立法活動は、政府閉鎖をちらつかせる「脅し」にとって代わられてしまった。予算審議の党派対立による政府閉鎖という事態に陥ったのは一九九五年末が初めてだったが、このことが、二〇一三年、債務上限の引き上げ問題をめぐる二度目の政府閉鎖に先鞭をつけてしまった。一九九五年の閉鎖から二年後、ギングリッチと「何でもあり」の仲間たちは、ビル・クリントン大統領の弾劾を求めた。無党派で国民の信頼も厚い二人の政治評論家ノーマン・オーンスタインとトーマス・マンは、「ギングリッチが解き放った剛力は、党派を超えた『礼譲』をすべてぶち壊した」と述べた。

＊　＊　＊

「勝つためなら何でもあり」の党派性は、民主、共和両党で高まっていった。二〇〇八年大統領選挙の直前、共和党候補ジョン・マケインと民主党候補バラク・オバマは、選挙戦のための公的補助金と引き換えに、選挙献金の指定限度額を守ることを受け入れた。ところが、オバマは自らの資金調達能力が高いことがわかると、この約束を破ってしまったのだ。また、オバマ政権の最初の二年間は、上下院ともに民主党が多数を占めていたので、オバマは共和党からの助言や協力なしに法を成立させることができた。二〇一〇年、民主党は共和党から一票も得ることなく医療費負担適正化法（オバマケア）を制定した。その結果、二〇一一年一月に下院、二〇一五年一月に上院を手中にした共和党は「何でもあり」の党派色を強め、オバマがやりたいことのほとんどすべてを手段を選ばず妨害するようになった。そしてオバマケアの撤廃に取り組んだのである。

共和党の妨害を受け、オバマはさらにエスカレートし、民主党が上院で過半数を失って初めての閣僚会議でこう宣言した。「我々は単に立法化を待っているばかりではない。……私にはペンもあるし、電話もある。物事を前に進めようと思えば、ペンを執って大統領令に署名し、大統領権限や行政権限を実行に移すこともできる」。不法移民に部分的恩赦を与える法案が通らなかったとき、オバマは大統領令を使ってこれを実行した。より厳格な環境保護法を新たに制定するのではなく、既存の大気汚染防止法の中にある規制を大統領令で活用し、議会での立法を回避した。グアンタナモ湾のアメリカ軍基地の閉鎖、気候変動のパリ協定への参加、トランスジェンダーの学生も公共トイレを使えるようにすること、銃規制や金融規制の厳格化などでも、オバマは大統領権限を駆使したのである。

リベラル派にしてみれば、オバマは共和党の障害物をうまく回避して、「コモングッド（共益）」を守ったと言いたいところだろう。だが、オバマは同時に、より大きな「コモングッド」を傷つけたのだ。それは、権力分立と民主的協議という憲法上の仕組みである。あの時点でオバマに他にどんな選択肢があったかと問いたい人もいるだろう。にもかかわらず、オバマがかろうじて成立させて得たものは、結局短命に終わってしまった。さらに、権力分立と民主的協議という指針を失って、その後の公共政策は一方の極端から、もう一方の極端へと大幅に揺れ動くことになった。二〇一六年大統領選で共和党が大統領と上下両院を再び制すると、オバマケアが抱える問題点を修正しようという気も失せ、代わりに何カ月もかけてこれを廃案にしようという動きになった。オバマが大統領権限によって成立させた多くの政策を、今度はトランプが自らの大統領権限によって取り消したり、廃止したりしたのである。

トランプは党派対立をさらに別のレベルまで加速させた。彼は人口増が続く黒人やラテン系や移民に対する白人の怒りを利用して、白人労働者階級による支持基盤を固めた。具体的には、イスラム教徒の移動の禁止を要請したり、ラテン系コミュニティに対して移民法を強制執行したり、投票時に住所と写真が明記された身分証明書の提示を要求したり[1]、メキシコとの国境線に壁を建設したり、有権者登録名簿の登録を取り消そうとしたり[2]、トランスジェンダーの入隊禁止を呼び掛けたりした。こうした措置は、アメリカが直面する重要な問題の解決には何ら結びつかず、また、トランプ支持者の中核層が感じている、経済力のなさや経済的疎外からくる大きな生活不安

---

(1) 訳注　居留地に住んでいるため住所表示を持たない先住民が投票しにくくなることを標的にしたと言われる。
(2) 訳注　一度登録しても数回投票しなければ本人が知らない間に登録を抹消できる法律。

を和らげるわけでもない。結局は、「コモングッド（共益）」を犠牲にし、偏狭な政治課題を推し進めることになっただけであった。

すべての点において、「勝つこと」の前に「コモングッド（共益）」は常に軽んじられてきた。そしてアメリカ政府の仕組みは、近視眼的な政治目的のために、徐々に毀損されていった。それらの蓄積によって傷つけられた、この国の民主的制度に対する信頼と品位の損失は計り知れない。

## 2．マイケル・ミルケン→ジャック・ウェルチ→「手段を選ばず」利益を最大化する人々

良識を軽視する連鎖反応の二つ目は一九八〇年代に起こった。当時、「企業乗っ取り屋」がリスクの高い債券を発行しながら資金調達をして敵対的買収を進めていた。乗っ取り屋は大儲けし、ウォール街は最強の景気けん引役となり、ＣＥＯは株価の短期的利益を最大化することばかりに勤しみ、取りつかれていた。かくして新しいルールはこうなった。莫大な利益を上げるためなら「何でもありだ」。

そうなる前までは、大企業はすべての「ステークホルダー」、つまり株主のみならず従業員にも、また、本社や関連施設のある町や市や国に対しても、責任を有していると考えられていた。スタンダード・オイル・オブ・ニュージャージー会長であったフランク・アブラムズは、一九五一年の講演で「経営の仕事というのは」「直接影響を受ける多様な利害関係者たち……株主、従

業員、顧客、そして広く国民全体の要求を、公正かつ実際的に調整していくことなのです」と明快に述べたものだった。一九五六年一一月、『タイム』誌は、企業経営者は「自社の業績を、自社にとっての損益のみならず、地域社会にとっての損益から判断する」ことに前向きであると指摘している。CEOは「企業政治家（コーポレートステイツマン）」となって、国家の「良識」にも責任を負っていたのだ。同誌はまた、ゼネラル・エレクトリック（GE）社は、関係するすべてのステークホルダーが、それぞれ最大の利益をバランスよく実現できるよう努力しているとも記している。製紙会社の経営者J・D・ゼラーバックは、同誌に対し、アメリカ人は「企業経営とは国民に仕える執事役だと考えているのです。企業には、すべての人々の利益のために、国民からの負託として、経済活動に臨んでもらいたいと思っているのです」と語った。今日、こうした感覚は古臭く見えるかもしれないが、このような考え方が高度成長の基盤となり、強い労働組合とともに、中間層の急速な拡大をもたらしたのである。

しかし一九八〇年代に入ると、企業買収に高利回りの「ジャンク」債を活用することを考え出したと言われるマイケル・ミルケンや、アイヴァン・ボウスキー、カール・アイカーンらによる乗っ取りが増えた結果、「会社」の目的についてそれまでとはまったく異なる考え方が出現してきた。乗っ取り屋が狙うのは、株主以外のステークホルダーを切り捨てる（たとえば、労働組合との闘い、従業員の解雇や給与カット、可能な限り多くの業務の自動化、創業の地にある工場の閉鎖や、人件費の低い州への業務移管、さらに国外への移転など）ことで、それまでよりも高い利益を株主にもたらし得る企業である。

乗っ取り屋は株主に対し、そうした変革をしようとしない取締役を否認し、変革に前向きな（あるいは変革と称した汚れ仕事を引き受ける乗っ取り屋に、所有株式を売却する気のある）取締役を承認するよう強く促した。一九七〇年代、一〇億ドル以上の敵対的買収は一三件だけだったが一九八〇年代にはこれが一五〇件となった。一九七九年から一九八九年の間に、金融起業家とでもいうべき人々が二〇〇〇件以上のレバレッジド・バイアウトを仕掛け、買収予定先の資産を担保に資金を調達して、既存の株主が所有する株を買い占めた。レバレッジド・バイアウト一件当たりの調達額は二億五〇〇〇万ドルを超えていた。その結果、全米のＣＥＯが、株主価値を最大化するタイプのＣＥＯと交代させられる危険にさらされ、「ＣＥＯが負うべき責任」の認識が変わり始めることとなった。即刻解雇される危険に勝る重要案件などそうあるものではない。過去数十年にわたって主流であった「企業政治家」たちは、一九八〇年代、九〇年代には「企業解体屋」に変貌し、彼らにとっての最優先事項は、当時流行り始めた比喩でいうところの「脂肪をカット」し、「骨身になるまで」「ぜい肉を落とす」ことであった。こうなるとこの先は「ベジタリアンになる」しかなかろう。

ジャック・ウェルチが、ゼネラル・エレクトリック社を統率することになった一九八一年から引退する二〇〇一年までの間に、同社の時価総額は一四〇億ドルから四〇〇〇億ドルにまで拡大した。ウェルチは主としてアメリカ国内の雇用削減によってこれを達成した。彼がCEOになる前は、ほとんどの従業員は自らのキャリアを同社で全うし、ニューヨーク州北部の工場で働くのがその典型だった。しかし、一九八一年から八五年の間に、全従業員の四分の一にあたる一〇万人が失職、これによりウェルチは「中性子（ニュートロン）爆弾ジャック」（訳注：中性子爆弾が建物は壊さずに人間を殺すことから）と呼ばれるようになり、経済界から大きな称賛を受けることとなった。ウェルチはGEの競争力を保つため、幹部たちに毎年部下の一割を入れ替えるよう促した。GEが海外に工場を開設すると、人件費がアメリカ人の数分の一で済む外国人労働者を雇うことで、ニューヨーク州北部の拠点を見捨てたも同然だった。一九八〇年代半ばから九〇年代末までに、GEはアメリカ人労働者の半数を解雇（約一六万人に減少）し、外国人雇用を倍増させた（約一三万人）。

年を経て、「乗っ取り屋」は「プライベート・エクイティ・マネージャー」とか「アクティビスト投資家」などという立派なものに姿を変え、敵対的買収もそう珍しいことではなくなった。理由はただ一つ、企業の規範がすっかり変わってしまったからである。今や、企業は株主利益を最大化するために存在すると考えられている。CEOは株主価値の向上が頭から離れなくなり、一九八八年コカ・コーラのロバート・ゴイズエタは、「株主価値をどのように作っていけばよいのか、私は、朝起きてから夜寝るまで、ずっと頭の中で格闘している。髭を剃っているときですら考えている」と語った。ゴイズエタの執着は、彼の前任者たちの見識とはかけ離れていた。たとえばウィリアム・ロビンソンは、一九五九年、フォーダム大学ロースクールでの講演で、「経営者は株主を最優先すべきではない。経営者たるもの、株主も地域社会も顧客も従業員も、様々な利害のバランスを取り『調整』すべきなのである」と語ったものだった。

企業は利益を配当として株主に還元するために用い、そしてその株を自社買いするためにも活用した。そうすれば、発行済み株式数が減少し、短期的に株価は上昇するからだ。そしてそれは、大企業トップの報酬がさらに増えることを意味した。トップの報酬が株価と連動し始めていたからである。CEOの報酬は一九六〇年代には一般従業員の平均二〇倍程度であったが、二〇一七年にはほぼ三〇〇倍になった。

私たちの暮らしは良くなっているのだろうか。株主資本主義がステークホルダー資本主義よりも「効率がよい」ことはすでに証明済みだと主張する人もいる。株主資本主義は、経営資源を最も生産性の高いところに振り向け、それによってより高い経済成長が可能となった。だが、ステークホルダー資本主義は資源を生産性のないところにとどめてしまう。CEOは現状に甘んじ、企業は高い給料で余分な従業員を雇って肥大化し、必要以上に地域社会と結びついていた、というのである。

興味を引く議論ではあったが、今にして思えばこれは誤りだった。誰かの暮らし向きが良くなるにあたり、それ以外の人の暮らし向きに悪影響を及ぼさないのであれば、理論上その変化は経済的資源を「より効率的に」活用した結果もたらされたと言ってよい。だが、効率性の向上によって得られた利益の大半、もしくはすべてが、数人のトップ層に行ってしまうのなら（一九八〇年代からこういう事態が続いている）、「コモングッド（共益）」が向上したとは言えない。大半の人の賃金が横ばいか減少していること、そのために人々の経済不安が増していること、廃墟と化した地域社会があちこちに存在していることを思い起こしてほしい。そのうえで、過去最高を記録している企業利益や、CEO報酬の急騰、ウォール街で働く人々がもらう法外な報酬のことに目を転じてほしい。すべてのアメリカ人が、アメリカ経済のステークホルダーである。それにもかかわらず、ほとんどのステークホルダーの生活は良くなっていない。

現実には、企業に投資したその価値が毀損するリスクを負うのは株主ばかりではない。長年働いている従業員は、その企業特有のスキルや知識を身につける。その企業で働くために会社がある地域に家を買い、家族とともに引っ越してきたかもしれない。地域社会も、その企業のことを考えて、道路などのインフラ投資を進めたかもしれない。企業が、従業員や地域社会を切り捨てるとき、こうしたステークホルダーが投資してきた価値も失われてしまう。従業員や地域社会の投資はどうして考慮されないのだろうか。

経営者は、自分たちには投資家へのリターンを最大化するという「信任受託者への義務」があると主張する。だがそれはトートロジー（同語反復）だ。投資家だけが唯一、受託義務上の考慮に値する人々であるとの前提に立っているからである。「コモングッド（良識）」に対する義務はどうなるのか。トランプの娘婿ジャレッド・クシュナーの不動産会社は、逮捕令状をちらつかせて低所得の店子から債務を回収している。さらに数千ドルの法務費用を上乗せすることもある。その理由は、不動産会社には、受託者である株主に対する「信任義務」があるからである。だが最大株主は、ジャレッド・クシュナー自身とその家族なのである。この会社は、ある女性入居者が退去二カ月前までに事前通知をしなかったとして（彼女が事前通知したにもかかわらず）、女性を訴えた。彼女には五〇〇〇ドルの支払いが命じられ、訪問介護ワーカーとしての給与と銀行口座も差し押さえられてしまった。このやり方の正当性を問われたクシュナーの会社の財務責任者は、『ニューヨーク・タイムズ』紙に対し、「信任受託者への義務」として可能な限り多くの収入を上げる必要があると説明した。期日通りに賃料を払わせ、期限前の解約をさせないようにする方法の一つは、賃貸契約を破ったらどうなるかという恐怖心を植えつけることなのだ。

利益の最大化という目標は、ヘルスケアなど従来から「コモングッド（共益）」に根差している業種にも及んできた。一世紀前は、病院も医療保険会社も明確に公的責任を担っていた。一九二〇年代にテキサス州ダラス市のベイラー大学病院で考案された健康保険プランの本来の目的は、利益を生み出すことではなく、できるだけ多くの人々に適用することであった。非営利機関ブルー・クロス・ブルー・シールドは、会員になりたい人たちをすべて受け入れ、すべての会員は年齢や健康状態に関係なく、同じ保険料を負担していた。一九六〇年代までにブルー・クロスは五〇〇〇万人以上に医療保険を提供した。

ところが一九七〇年代、八〇年代になると、数人の起業家が「コモングッド（共益）」を蝕んで大儲けする方法を見出した。彼らはエトナやシグナといった営利目的の保険会社を設立し、ブルー・クロスの慈善的使命に縛られず、若者や健康的な患者のみを対象とした。この方法でコストを下げ、保険料をブルー・クロスよりも安くすることができ、なお莫大な利益を手中にできた。ブルー・クロスはとても太刀打ちできず、一九九四年、経営悪化に伴い営利法人となった。これにより非営利の医療保険は終焉を迎え、アメリカの医療保険は、健康的な人に熱心に保険を勧める一方、病人の加入を避け、慢性疾患のある人には法外な保険料を課すような仕組みに変貌してしまった。

その間、大手金融機関もかつては小規模で株も公開していない投資銀行であったのが、証券取引所で株が売買される上場巨大企業となり、これも不幸な結果をもたらすことになった。投資銀行家が自らの決断に応じて、すべての利益もすべての損失も受け入れていた時代には、彼らの行動はおのずと慎重なものとなった。自らに降りかかるリスクを知っておくために、投資銀行のパートナー経営者たちは組織を小規模にとどめ、比較的単純な取引を行っていた。しかし、規制緩和によって二〇〇〇年までにはウォール街の銀行は数十万人を雇用するメガバンクに変貌し、業務も世界規模に広がった。もはやリスクの高い取引を制限するものはなかった。株主にコストを負担させつつ、高リスクの取引で利益を出した行員は巨額のボーナスを手中にした。彼らはできるだけ少ない資金で、できるだけ高リスクの取引をしようと四六時中その機会を狙った。それが、二〇〇八年の金融崩壊につながったのである。

ビジネスの目的が唯一、短期間にできる限り多くのカネを稼ぐことであり、そのためには何をしてもよいとなれば、「コモングッド（共益）」はいとも簡単にその犠牲になる。何としてでも高い利益を上げようとするCEOや企業が、従業員や地域社会や環境や消費者を保護する法の意図を無視し、規制を回避してきた。彼らは、すべてのステークホルダーに対する義務の基盤にある、公平な経済機会の原則を放棄し、たいていの場合、自らを第一優先にした。ウェルズ・ファーゴのCEOジョン・スタンフは、社員に対して、顧客からの信頼回復を目標とすると公言したにもかかわらず、実際には、顧客のことなど気に掛けておらず、明らかに自分自身のことばかり考えていた。マーティン・シュクレリは「私に利益の最大化を期待し……一〇〇パーセント利益曲線通りになることを要求してくる」投資家に応えて薬価を高騰させたが、しかしつまるところ、真の動機はマーティン・シュクレリその人自身だったのである。

### 3. ルイス・パウエルの政策メモ→トニー・コエーリョの交渉→ウォール街救済→経済を不正操作するためなら「手段を選ばない」人々

「コモングッド（共益）」を蝕む三番目の反応は、これまで述べてきた二つの出来事の帰結として連鎖的に起こった。「勝つためなら何でもあり」の政治は、政治力を獲得しそれを維持するためのいかなる制約をも取り払ってしまった。そして「大儲けするためなら何でもあり」の風潮は、強欲な人々のタガを外してしまった。この二つが一緒になって、私たちが得たものは何か。それは、カネが政治に流れて大企業や富裕層に有利なルール作りに使われ、彼らがさらに富や権力を持つようになるという構図である。

始まりは一九七一年まで遡る。その年、翌年に最高裁判事に指名されることになるルイス・パウエルは、アメリカ商工会議所の依頼で作成した政策メモで、「アメリカの経済は多方面から攻撃を受けている」とし、消費者や労働者や環境団体を非難した。実際には、これらのグループが求めていたのは、私がこれまで述べてきたような、たとえば、企業はすべてのステークホルダーに対して責任を負うといった、暗黙のうちに了解されている社会的契約の徹底にすぎなかったのだが、パウエルと商工会議所の見方は異なっていた。パウエルは産業界が、政治的な闘いに参加することを求めていたのだ。「産業界は学ばなければならない……政治力が必要だということ、政治力は懸命に育てていかなくてはならないこと、そして必要なときには、その政治力を積極的に、覚悟を持って行使しなくてはならないことを。そしてこれまでの産業界の特徴だった、政治に対する当惑や抵抗感を捨てなくてはならない」。パウエルは、成功に欠かせない決定的な要素は組織力と資金力であると強調した。「強さとは、連携によってのみ可能となる大規模な資金力と、一致団結と全国規模の組織化によってのみ得られる政治力に宿るのである」。

パウエルの政策メモによって、企業マネーの政治流入が解禁され、瞬く間に首都ワシントンや全国の州都において産業界は最大の政治勢力となった。大企業数社がロビー活動や企業献金を強化すると、競合他社は追随するしかなく、さもなければ敗れ去った。ワシントンに広報部を持つ企業の数は急増し、一九六八年は一〇〇社程度であったのが、一〇年後には五〇〇社を超えるまでになった。一九七一年時点で、首都ワシントンに政府登録ロビイストを配置していたのは一七五社にすぎなかったが、一九八二年までに二五〇〇社近くに増えた。企業が政治献金をするための団体である「政治活動委員会（ＰＡＣ）」の数は一九七六年には三〇〇に満たなかったが、一九八〇年には一二〇〇にまで増加していた。中小企業は政府入札を得るために業界団体や経済団体に参加するようになり、一九七四年から八〇年の間に、商工会議所の会員企業数は倍増した。

私が労働長官だった一九九〇年代には、企業は登録ロビイストや弁護士を含めておよそ六万一〇〇〇人を雇用していたが、これは連邦議会議員一人に対して一〇〇人以上がロビー活動をしていた計算だ。企業マネーはまた、業界規制や裁判手続きにおいても企業や富裕層を代理する弁護団を支援し、司法省や州司法長官に勝つこともよくあった。企業はさらにシンクタンクやPR会社にも資金提供していた。

最も重要なのは、企業が政治家の選挙活動に大金を注ぎ込み始めたことだ。一九七〇年代後半から八〇年代後半にかけて、企業系PACから連邦議会議員選挙への献金額は五倍近くに増えた。労働組合系PACからの献金はその半分程度の伸びにとどまった。選挙イヤーの二〇一六年までに、企業とウォール街の金融機関は、労働組合と公益団体からの献金を合算した額一ドルに対して、その三四倍（三四ドル）も献金していた。富裕層による個人献金も増え、一九八〇年には、アメリカの富裕上位一パーセント層の中のさらにトップ一パーセントに入る超富裕層からの政治献金が、連邦議会議員選挙の献金総額の一〇パーセントを占め、二〇一二年には、四〇パーセントを占めるようになった。悪いことに、連邦最高裁判所が出した、「法人からの献金は合衆国憲法修正第一条が定める言論の自由と同義であり、法人は人と同じ権利を有する」との立場を支持する一連の判決が、この傾向に拍車をかけることとなった。

共和党も民主党も、党員の考え方を中央へ届けるための、州や地方を基盤としたかつての組織から、トップダウン型の巨大集金マシーンへと自らを変貌させた。一九八〇年代になると、民主党も、共和党と同じ桶で水を飲み始めた。「我々が与党である以上、産業界は好むと好まざるとにかかわらず、我々と付き合わざるを得ないのです」と民主党選挙運動委員長トニー・コエーリョ議員は誇らしげに述べ、企業大国アメリカを揺さぶり始めた。コエーリョ率いる民主党は、企業やウォール街の選挙献金先として、すぐに共和党と肩を並べるようになった。それはまさにファウスト的契約であった。ひとたび企業献金を手にした民主党はこれが手放せなくなったのだ。民主党の大企業依存症は、一九九四年の中間選挙で惨敗する数カ月前、クリントン大統領の医療保険制度法案に対し、多くの民主党議員が反対票を投じたことで明白になった。彼らを支援する企業スポンサーがこの法案に反対だったからである。

企業経営者にとっては、望む結果が得られるのであれば、民主・共和どちらに献金するかは大きな問題ではなかった。二〇一六年、共和党の大統領予備選挙の時期にドナルド・トランプは、彼がかつてヒラリー・クリントンに献金していたことを、共和党のライバル候補から非難されこう説明した。「企業人であれば、また大口寄付者であれば、極めて重要な人々に献金するからには、何があっても自分の要望を叶えてもらわねばと考えるものだ。企業人として私はそれを求める」。事実、トランプは求めていたものを得た。トランプの慈善団体が、フロリダ州司法長官につながる選挙対策組織に二万五〇〇〇ドルの献金をすると、この司法長官は、それまで検討中だったトランプ大学への詐欺捜査を行わないことを決めたのである。

産業界はまた、議員や官僚に厚遇な天下り先をちらつかせるようにもなった。一九七〇年代には、連邦議会議員経験者のうちワシントンのロビイストになる人は三パーセントにすぎなかった。二〇一六年には、引退した上院議員のほぼ半数、そして引退した下院議員の四二パーセントが、所属政党に関係なくロビイストに転身した。これは、近年の引退議員が以前の議員たちに比して、自らの政府人脈を駆使して金を稼ぐことへの躊躇がなくなったということではない。企業ロビーによる金銭的見返りが急増したのである。この回転ドアは反対方向にも回る。ロビイストだった人が、良いポジションで政権入りできれば、その職を退く際にはさらに自らの価値を高めることができるのである。トランプは就任直後の半年間、規制当局の責任者のポジションを、そこが監督する産業出身のロビイストに割り当てていた。

贈り物にはお返しがついてきた。ウォール街が大口の選挙資金源になり始めた一九八〇年代以降、金融業界は大恐慌時代以来の規制を撤廃させた。州際銀行業務の制限、銀行における投資業務と商業業務の兼営制限、銀行の上場規制などの規制は、半世紀にわたって大恐慌の再発を防いでいた。ところがこれらの撤廃によって、ウォール街は再び他人のお金でギャンブルをし始め、一九二九年の大恐慌に似た金融危機を二〇〇八年に引き起こしてしまった。大銀行は巨額の税金を投じて救済され、大恐慌の再来は防げたが、景気低迷の直撃を受けた住宅所有者や労働者への支援は何もなかった。数百万の人々が仕事も家も蓄財も失い、深い無力感にさいなまれることになった。

当然ながら、連邦議会やホワイトハウスが繰り出す日々の決定事項には、もはや普通の人々の見解は反映されていない。高名な経済学者であるプリンストン大学のマーティン・ギレンズ教授とノースウェスタン大学のベンジャミン・ページ教授は、一七九九件の政策課題を検証し「平均的アメリカ人の意向が公共政策に与える影響は極めて小さく、ほとんどゼロに近いものであり、統計的に有意な影響は見られなかった」と結論づけた。

これらあらゆることが、経済的利益を大企業や富裕層へ向かわせ、その一方で大半のアメリカ人の取り分が少なくなっていった。要するに中間層や貧困層の給料からカネを取り上げ、それを上流に流すという大規模な再配分が行われたのである。特許や商標や著作権などの知的財産権が拡大し延長され、製薬会社やハイテク、バイオ、エンターテインメント企業は自らの独占をより長く保持できるようになった。このことはアメリカの一般消費者が高い価格を負担することを意味している――先進国の中で最も薬価が高いのはアメリカである。一方、独占禁止法が緩和されたことで、全国のほとんどのトウモロコシ種子価格を決めているモンサント社や、インターネットのポータルやプラットフォーム市場に力を持つ一握りのハイテク会社（アマゾン、現在メタであるフェイスブック、アップル、グーグル）、ブロードバンド競争にほとんど、もしくは、まったくさらされないケーブル会社（コムキャスト、AT&T、ベライゾン）、ウォール街の最大手金融機関などが、巨額の収益を上げることになった。知的財産権の拡大と独占禁止法の緩和によって、普通のアメリカ人に物価上昇とサービス低下のしわ寄せが行ったのである。この国のブロードバンド・サービスが先進国の中で最も高額で、最も遅いのはその一例だ。『エコノミスト』誌によれば、一九九〇年代以降、全業種の三分の二の企業で合従連衡が起こり、二〇一六年において、企業は一九二〇年以来最も高い利益を上げるようになった。

また契約法の改定により、消費者や従業員は不服申し立てができなくなり、大企業が選定した調停者を使わなければならなくなった。一部の州では「競業避止義務」法を制定し、現在の雇用主に「悪影響」を与えないことを示さなければ、転職できないようにしたため、従業員の雇用も報酬も、雇用主の意のままとなった。連邦証券取引法が緩和され、一部の機密情報の内部取引が可能になった。またCEOは、自社株の買戻しをさせて株価を引き上げたうえで、自らのストック・オプションを現金化できるようになった。租税法の改正では、ヘッジファンドやプライベート・エクイティ・ファンドのパートナー経営者に法の抜け穴ができ、石油・ガス業界には特別な恩恵が与えられ、最富裕層の限界所得税率や、莫大な財産に対する相続税が引き下げられた。

破産法も緩和され、大企業、中でも航空会社や自動車メーカーは、労働契約を破棄しやすくなり、従業員が賃金カットに応じない場合は、事業所を閉鎖すると威嚇して、従業員や地元社会を立ち往生させた。特に破産は住居所有者には適用されなかったため、彼らは住宅の価値よりも大きな借金を背負うこととなったし、学生ローンを抱える卒業生にも認められなかった。にもかかわらず、すでに述べたように、最大手の金融機関や自動車メーカーは二〇〇八年、二〇〇九年の不景気時には救済された。その結果、経済活動の失敗によるリスク負担は、普通の勤労者や納税者へシフトしてしまったのだ。

そしてついに、法人と富裕層に減税が行われた。企業も富裕層も、所得が急増したにもかかわらずである。

これまで述べたやり方や、さらなる様々な方策によって、市場は、カネを中間層や貧困層から、富裕層へと上方に再配分するようになった。まさに悪循環である。大企業や富裕層はより多くの財を着々と蓄積し、それに伴い、政治力を高めて、自らに有利になるよう市場を操っていくのだ。

Chapter 6

The Decline of the Good in Common

# 第6章 「コモングッド」の衰退

前章で述べた三つの「信頼の搾取」の連鎖が「コモングッド（共益）」を蝕んでいった。「勝つためなら何でもあり」の政治風土は、平等な権利に基づく「良き政府」が持つ不文律を無視し、最も権力のある政治家がすべての政治的利益を搾り取るのを可能にしてしまった。「大儲けするためなら何でもあり」の風潮は、あらゆるステークホルダーに対する責任を基盤とする「企業責任」の不文律を拒絶し、ＣＥＯやウォール街や投資家がすべての金銭的利益を搾り取るのを可能にしてしまった。「経済を操るためなら何でもあり」の風潮は、「自由市場」はあらゆる人の役に立つという不文律を無視し、最も力を持つプレイヤーが利益のすべてを搾り取ることを許してしまった。こうして、政党や企業や自由市場など、私たちの社会における政治経済の主要な組織や制度は、「コモングッド」への責務を自ら放棄したのである。

その結果、大部分のアメリカ人が大惨事に見舞われることとなった。二〇一六年までに、一般家庭の純資産は、一九八四年と比べ一四パーセント減少したが、反対にトップ一〇〇〇分の一の最富裕層が占有する富は、下位九〇パーセントの人々の富の総計と、ほとんど同じであった。富と同じく、所得も不公平になった。一九七二年から二〇一六年の間に、平均的勤労者の賃金は、二パーセント（インフレ調整済み）下落したが、アメリカ全体の経済規模はほぼ倍増した。つまり所得増分のほとんどが高所得層に向かったのである。二〇一六年、金融業界のボーナス総額だけで、法定最低賃金レベルの時給七ドル二五セントで働く正規雇用者三三〇万人の年間所得総額を上回った。

中間層は衰退している。一九四〇年代初頭に生まれたアメリカ人の九割は、働き盛りには自分の両親よりも多く稼ぐことができた。しかし、その割合は徐々に小さくなってきている。一九八〇年代半ばに生まれた人で、働き盛りに自分の両親より多くの収入を得ることができるのは、五割にすぎなかった。

ほとんどのアメリカ人は数十年前よりも長時間働いており、病欠や休暇を取る日数も減っている。そして自分たちの両親が味わった経済的な安心感も得られずにいる。ほぼ五人に一人がパートタイム勤務で、三分の二は月々の給料ぎりぎりの生活をしている。給料とともに雇用手当や福利厚生も削られ、アメリカの最富裕層とそれ以外の人々の寿命の格差も拡大している。勤労者の中には鎮痛剤のオピオイド依存症に陥ってしまう人が増え、高卒以下の学歴の人々の間では、自殺や慢性的肝硬変、過剰摂取を含む薬物依存症などによる死亡率が上昇している。

人種や性別や民族による差別がこれらの経済格差を悪化させ、経済的軋轢がさらなる偏見を助長した。数十年にわたってずっと下りのエスカレーターに乗せられてきた多くの人々が、憎しみの政治を押し売りする扇動政治の格好の標的となった。一九五〇年代から六〇年代にかけて、アメリカでは人種差別を克服しようと奮闘を続けてきたが、その後この動きは失速し、多くの点で逆転すらしてしまった。二〇一七年には、アメリカは人口一人当たりの刑務所や拘置所に入っている人数の割合が、世界のどこの国よりも多くなった。そして、受刑者は明らかに黒人やラテン系の人々に偏っている。

アメリカの経済格差がこれほどまで大きくなった理由としてよく言われるのが、デジタル技術とグローバル化によって、多くのアメリカ人が以前ほど「価値」ある存在でなくなってしまい、そのせいで低賃金と不安定な生活の中で暮らしていかざるを得なくなったというものである。だからもしより良い仕事に就きたいなら、もっと勉強して高いスキルを獲得する必要がある、というわけである。

だがこれでは、同じ潮流に直面した他の先進国の人々が、アメリカ人ほど著しい負け方をしていないことの説明がつかない。さらに、国民がともに繁栄を謳歌していた時代から、多くの人の賃金が停滞し少数の富裕層が巨大な富を占有する時代への急旋回が、なぜ一九七〇年代から八〇年代にかけて急速に起こったのかも説明できない。大企業の経営陣の報酬が劇的に上昇した理由も、ウォール街の人々の年収が数千万ドル、数億ドルに上昇した理由も、「デジタル技術」と「グローバル化」では明らかにできない。

またこれは、最近の大卒初任給が下落していることの説明にもならない。学部の学位を持つ若者の数は増え続け、学位のない若者の数を上回っているのに、大卒の若者の実質平均時給は二〇〇〇年以降下がり続けている。大学教育を受けることは長らく中間層に加わるための必須条件であったのに、もはや、かつてのように自らの社会的位置を得るための確実な方法とは言えなくなってしまった。

これらすべての出来事が、「自由市場」の非人間的な仕組みに起因していると考えるのは、アメリカのエリートたちが自らに有利になるよう過度な政治力を使っていることを無視しており、彼らがその力を、この国の多くの人々の所得の安定や増加のために活用していない事実を見逃している。金持ちが社会システムを自分たちを利する方向へ操ろうとしていることも、さらに「コモングッド（共益）」に対する彼らの関心がますます薄れていることも無視した考え方だ。

多くの富と権力を得た以上、経済エリートたちは、今とは異なる選択ができたはずなのだ。自らの政治力・経済力を、みんなのためのより良い学校づくりや、総合的な職業再訓練や賃金保険、公共交通機関の改善、雇用保険の拡充などに向けることができたはずだ。国民皆保険制度を強く推すこともできたろうし、自らへの増税を受け入れるのみならず、そうするよう自ら働きかけることすらできたろう。労働組合を抑え込むのではなく、強化することが可能だったろうし、労働者の発言力を弱めるのではなく高める法律を後押しすることもできたはずだ。また、選挙資金に制限を設けるよう要求することもできたはずなのである。

実際には彼らは真逆のことをした。増え続ける富を、自らを利するようゲームの法則を変えるためにどんどん費やしたのだ。私たちはみな、その帰結の中に生きているのである。「勝つためなら何でもあり」の精神は、大損害をもたらした。一般市民のほとんどが、アメリカの主要機関が大多数の国民の役に立っているとはもはや考えておらず、少数のためのものだと思っている。

一九六三年当時、国民の六割以上が、政府は、常にあるいは概ね、正しいことを行っていると信頼していた。それが今では信頼しているのはわずか一六パーセントにすぎない。一九六四年、六割以上の人々が政府は「全国民の利益のために運営されている」と考え、「身勝手な一握りの巨大利権によって運営されている」と回答したのは二九パーセントであった。近年はこの比率はほぼ逆転し、国民の七六パーセントが、政府は「一握りの巨大利権によって」運営されていると

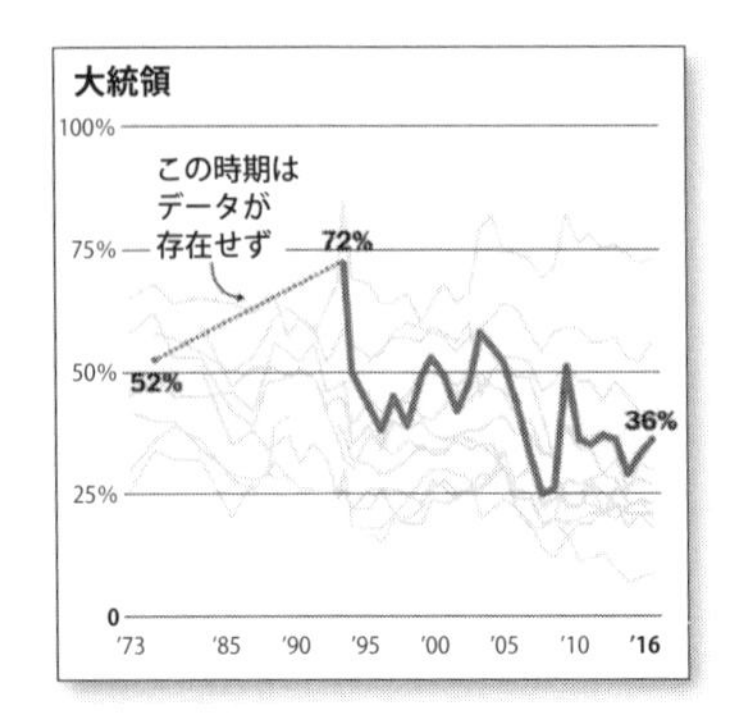


## 図6-1

ギャラップ社がアメリカの成人を対象に、「あなた自身は」次の各機関をそれぞれ「どの程度信頼しているか」尋ねた。過去約40年分の世論調査結果は図の通り。図中の数値は「極めて信頼している」と「かなり信頼している」と回答した割合の合計である。

（出所）ギャラップ社。

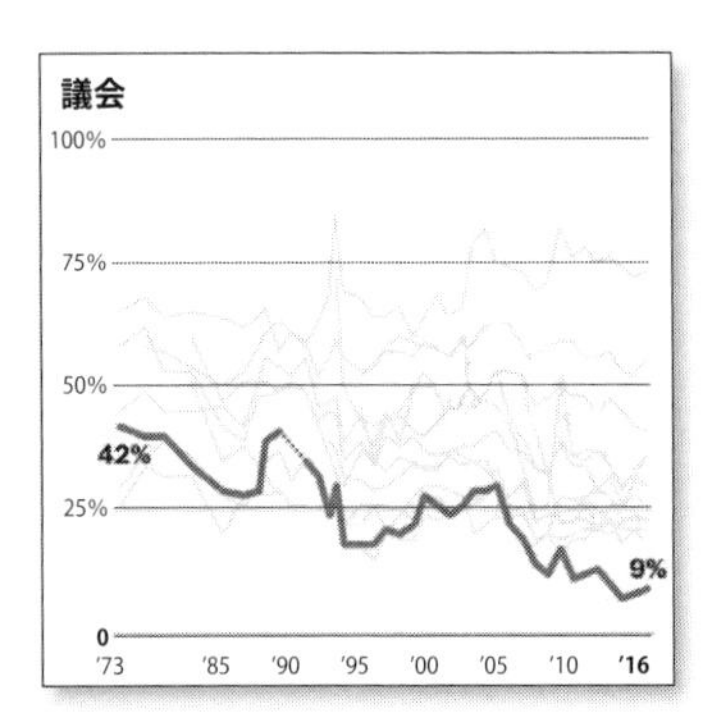


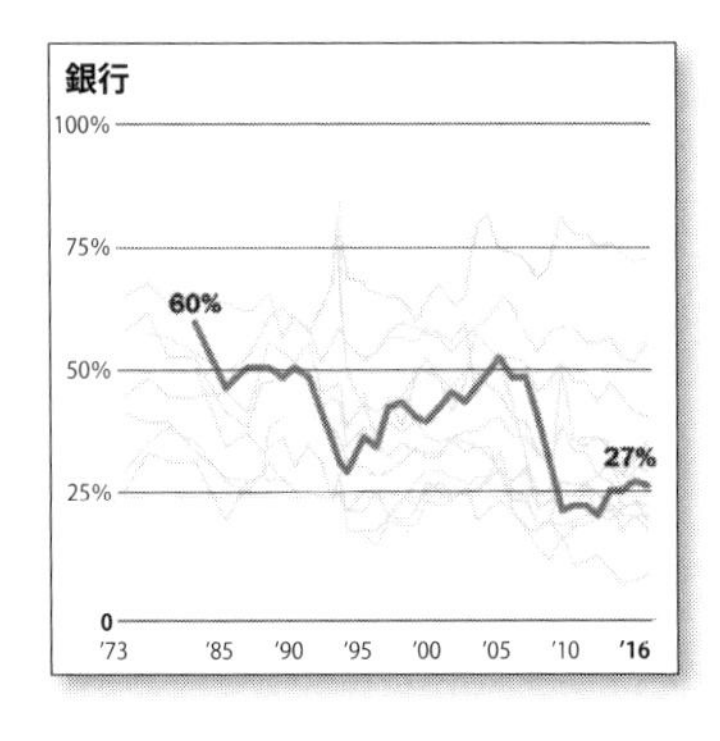


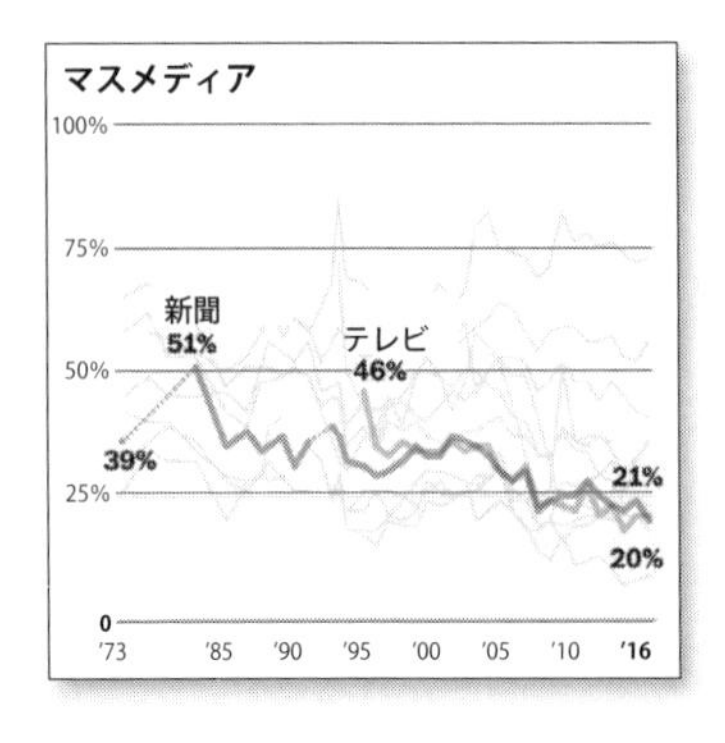


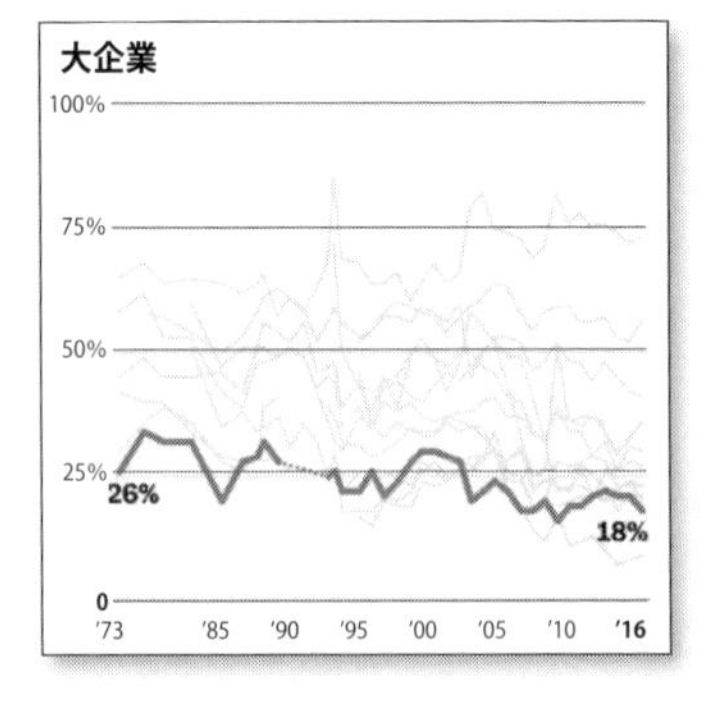

考え、「全国民の利益のために」運営されているとしたのは一九パーセントであった。

企業への信頼も同じように低下した。一九六〇年代初めは大部分のアメリカ人が主要な企業、銀行、金融機関を「極めて信頼」していた。それが今や、「極めて信頼している」のは一〇人中たった一人である。大学や慈善団体や宗教団体など非営利組織に対する国民の信頼も大きく低下した。メディアへの信頼も（トランプによるマスコミ誹謗が始まる前にもかかわらず）下がったし、科学界への信頼も同様だ。

信頼の低下はアメリカに限ったことではない。似たような信頼の崩壊は他の先進国においても似たような理由で起こっている。第二次世界大戦後三〇年かけて、幅広い繁栄と民主主義を育んできた政治経済システムが、多くの人々にとっての役割を終えてしまい、エリートが自らの富と権力を守り抜く手段と化してしまったのだ。

世の中のゲームは富裕なトップ層を利するように操られているのだと多くの人がみなした場合、それ以外の人たちは、不正行為は許容されるものなのだと考えるか、あるいは、不正行為をしない自分がカモになるのではないかと不安になる。そうなると世の中に、小口の詐欺やキャッチセールスや偽物やペテンがはびこるようになる。従業員は雇用主からくすねるし、中間管理職は下請け業者からわいろやキックバックを受け取り、利益をかすめ取る。弁護士や医師、会計士、プロのスポーツ選手でさえ、欺くことに罪悪感を覚えなくなり、職業倫理が萎えていく。政治家は自分への選挙献金者をひいきにする。

その結果、ルールが厳しくなっていく。時間のかかるスクリーニングやセキュリティ・チェックが課せられ、追加点検が始まる。不正行為が増えれば増えるほど、それを抑え込むための役所仕事が増大する。契約書は長く複雑になる。追加の労力を払ったり、もう少し先まで進めようとしたりする意欲も減退する。義務ではないが必要なことを手掛けたり、予期しなかった問題を報告したり、新しい解決策を工夫したり、違法行為を告発したりする意欲が弱くなる。また、こうした新たな措置を担う警備員や検査員、会計士、監査人、弁護士、法執行当局などの費用が増えたり、監視装置機器などの需要が増えることから、経済全体としては幾分かの成長を見せるであろう。だが、そのような防御的支出が、人々の生活の質を上げることはないのである。

もう一つの帰結は、相互に義務を負う社会から、私的取引の社会へとシフトすることだ。「コモングッド（共益）」の上に成立していた経済社会関係が、契約をベースにした関係とみなされるようになり、人々は様々な状況における自らの義務について自問自答することが減り、逆に、どんな得なことがあるのかをより聞きたがるようになる。何事も取引だとなれば、人は他人を出し抜くことで「成功」しようとする。「義務」は「自己増強」や「自己宣伝」にとって代わられ、

「犠牲」や「無私」への要請は、より良い取引を渇望する「個人的要求」にとって代わられる。

現代のアメリカ人は、昔のように進んで何かに参加しようとしなくなってしまった。社会学者ロバート・パットナムはこれを「独りでボウリングをする」と表現した。しかし、この表現は、現代の人々が「誰と」一緒に「何を」するようになったかという、その劇的なシフトの説明にはなっていない。人々は今でも一緒に参加していることがある。だがそれは、一人では高くて買えないサービス、たとえば、保育や子どもの学校や娯楽施設やセキュリティを、手に入れるためなのだ。「コモングッド（共益）」のために団結するのではなく、最善の取引を手に入れるために協力する。そこで私たちは、収入の度合いによって集団を構成するようになった。最も貢献できそうな人には声をかけ、より手間のかかりそうな人は除外していく。

そのメカニズムが「私立」と呼ばれていようが「公立」と呼ばれていようが、根本的には同じである。高級分譲住宅地では、住宅所有者は地区内のサービスのために管理費を払っているし、彼らの地方固定資産税は、ベールやグリニッチといった高級分譲住宅街だけに見られるように、その区域の公共サービスに使われる。したがってこれらの公共サービスは、誰でも「共通」に使えるものではなく、同じくらいの高い収入を稼ぐ人々のためのものになっている。高級住宅街にある公立学校の「公立」というのも名ばかりだ。なぜなら、その学費には、高い住宅価格や地方固定資産税、保護者の寄付として間接的に払われているものが含まれており、公には見えないからである。そのため親たちは、同じ価格を払っていない親の子どもが、自分の子と同じ厚遇を受けることがないよう、地区の境界線を保つことに余念がない。境界線のフェンスの下から忍び込んだ子どもが不当に厚遇を得ていると憤る金持ちの親ほど怖いものはない。

二〇一六年一一月、カリフォルニア州オリンダ市の学校当局は、市内のある家庭に住み込みのベビーシッターとして働くシングルマザーの七歳の娘ヴィヴィアンが、学区に「住んで」いないので、今ヴィヴィアンが通っている小学校に通うべきではないという判断を下した。ヴィヴィアンはラテン系の貧しい子どもで、オリンダ市は白人の多い裕福な地域である。オリンダ市の学校はカリフォルニア州の中でも最優秀の評価を受けている。オリンダの公立学校は地方区画税からの特別収入（三分の二以上の賛成票が必要）と、オリンダ市教育基金が親に「推奨する」、子ども一人当たり六〇〇ドルの寄付などの臨時収入を得ている。オリンダ市の地方検事ハロルド・フリーマンは、学区は「学区内の資源は、全児童のために、取っておかなくてはなりません」と述べた。全児童とは、つまりオリンダ市の児童全員のことだ。これが、学区が公金を使ってまでヴィヴィアンのような子どもを一掃しようとした理由だった（ヴィヴィアンの話がメディアで大きく報道されると、オリンダ市学区はこの方針を取り下げ、ヴィヴィアンの母に娘が学校を辞めさせられることはないと伝えた）。

高級住宅管理組合は、自分たちは管理費を払って地区内に必要なものは何でも揃えることができているのに、さらに地区外に住む世帯を支えなくてはならない理由がわからないとして、州税や地方税に反対する「住民運動」を次々と起こした。そのため、貧しい子どもたちが、そもそも予算の少ない学校に集まってくる結果となった。富裕層や中間層の上位の人々をそれ以外の人々と経済的に分離することは、この国の地域社会と学校に再び人種差別をもたらすことになる。黒人の生徒が白人のクラスメイトを持つ確率は、一九五四年以前よりも低くなっている。一九五四年にはブラウン対教育委員会裁判において、最高裁は、学校での人種隔離は本質的に不平等であるとの判決を出したのであった。

同じメカニズムは、「私立校保護者基金」についても当てはまる。保護者基金は、裕福な学区に対し、貧しい学区へ補助金を出すことを義務づける判決が出た後で急増した。裕福な親からすれば、貧しい学区への支援が増税によってなされるよりも、我が子が通う学校に創設された保護者基金に寄付金を出し、一部を基金を通して目立たない形で公立学区に回すほうが、より多くの金を我が子の学校のために保持できる。カリフォルニア州マリブ市は隣のサンタモニカ市よりもかなり裕福な地域で、一部の学区が両市にまたがっており、マリブ側の保護者たちは、自分の寄付金をサンタモニカではなく、住まいがあるマリブの学校に保持したいと考えている。マリブの住人クレイグ・フォスターは、大手金融機関モルガン・スタンレーやクレディ・スイスで執行役員の経験があるが、彼は『ニューヨーク・タイムズ』紙に、寄付金を払った保護者にはその寄付によって達成された恩恵があってしかるべきだとし、保護者には「自分の好きなところへ寄付する機会が与えられるべきです」「(寄付を求めるなら)感情に訴える訴求力がなければならないし、寄付者の利益にもならなければなりません」と語った。「寄付者の利益」とはどういうことか。

「コモングッド(共益)」はいったいどこへいったのか。

経済的な成功に恵まれなかった人々が直面する危機と比べると、成功した人々が手にする利益は莫大であり、それが多くの保護者を異様に激しい競争に駆り立てた。彼らは、もしも我が子が良い幼稚園に入れず、そのせいで良い小学校や良い中学校、その先の良い大学に進学できなかったら、将来、経済的に転落してしまうか、あるいは、裕福になるチャンスを逸してしまうのではないかと気を揉むようになった。だから、自分よりも低所得層が通う学校や子どもたちのために、自分が払った税金や寄付金が向けられることに寛容になれないのである。そしてこういう親がその経済的地位をわが子に極めて効率的に移譲できるようになるにつれて、アメリカにはかつてないほどの硬直的な階級区分ができてしまった。

経済的勝者が「コモングッド(共益)」から離脱しているというよりも、敗者に主体性がなさすぎると非難する評論家もいる。時代の寵児であった保守派の社会学者チャールズ・マーレーの二〇一二年の著書『階級「断絶」社会アメリカ』の表現を借りれば、アメリカの白人労働者階級が凋落したのは、「勤勉と勤労という伝統的価値観の損失のせい」だという。彼らは薬物依存症や離婚、婚外での出産、高校中退、長期の失業などによって自ら問題を引き起こし、政府も、これらの社会的病理をなすがままにして彼らが凋落するのを後押ししたと非難した。

しかしマーレーや彼に同調する人々は、私がここまで述べてきた事態にずっと気づかなかったのだ。過去四〇年にわたり、白人労働者階級の賃金が停滞し下降していることや、過去にはあった安定した働き口自体がなくなったこと、彼らが住む地域社会の経済基盤が崩壊したことや、アメリカの所得や富における白人労働者階級の割合が劇的に縮小したことに。マーレーが列挙した病理の底流にあるのはむしろこうしたことであって、薬物依存症や婚外での出産や教育の欠如や失業はその症状だ。しかし、この理屈は不都合なのである。そこに切り込むことは、かつての労働者階級を直撃した「格差拡大」を縮小させ、「コモングッド（共益）」をより包摂的に受け入れることこそが本当の解決策であると、示唆することになるからである。

多くの評論家は、貧しい黒人と同じく、もがいている白人も、適者生存の法則を満たしていないとする社会ダーウィン主義的な見解を受け入れている。二〇一六年、共和党大統領予備選で、『ナショナル・レビュー』誌のコラムニスト、ケヴィン・ウィリアムソンは「機能不全で縮小する地域社会は……万死に値する。経済的に負の資産であり、道義的にも弁解の余地がないからだ。ブルース・スプリングスティーンばりにラストベルト地帯の苦境について殊勝ぶるのはやめなさい……アメリカの白人下層階級は、悪徳でわがままな文化に取りつかれ、あるものと言えば、みじめさと使い古したヘロインの注射針くらいだ。「彼らの怒りを理解しているかのような」ドナルド・トランプの演説は彼らの気持ちを心地よくさせ、まるで鎮痛薬も同然だ」と述べた。二〇一七年春の医療費負担適正化法（オバマケア）の廃止をめぐって議会対立が続いているとき、アラバマ州選出のモー・ブルックス下院議員もこう語った。撤廃によって「ちゃんとした暮らしをしている人たちの負担を減らすことができる。そういう人たちは健康で、身体を健康に保つために様々な工夫をしている」。また、トランプ政権の行政管理予算局長官ミック・マルバニーは、「癌を患った」人々には何らかのセーフティーネットが用意されるべきだと言いつつ、すぐにこう付け加えた。「しかしそれは、家にこもって偏食し糖尿病になった人のことまで面倒をみるべきだという意味ではありません」。

二〇〇八年に金融危機が起こるまで、アメリカの政治経済のリーダーたちは、銀行勤めの高給取りが莫大な収入を得ている一方で、アメリカ人の大部分が甚大な経済的リスクにさらされていることにほとんど注意を払ってこなかった。金融危機で仕事も貯金も家をも失った人は、当然のことながら怒りを露わにした。高給取りの行員たちは何の損害も被らなかったからだ。危機からほんの数年後、行員の多くは再び莫大な報酬を得るようになっていたが、国民の大多数は依然危機のさなかにいた。その怒りが民主・共和両党を巻き込むことになった。二〇一六年民主党大統領予備選挙の際、バーニー・サンダースは「こういうふうに操られる経済は、アメリカのあるべき姿ではありません」と言い、ヒラリー・クリントンも選挙戦の初めに「経済ゲームの手札はいまだにトップ層に有利なままであります」と認めた。当時のドナルド・トランプ候補も「経済システムは『富裕層に買収され』、一般市民に不利なように仕組まれているが」、自分は「買収されることのない」唯一の大統領候補だと主張した。彼はこのフレーズをホワイトハウスに到達するまで繰り返し使ったものだった。

左派はその怒りを企業とウォール街にぶつけ、右派は政府にぶつけた。しかし実のところ左派も右派も表裏一体であったし、今でもそうだ。トランプの反主流かつ権威主義的なポピュリズムも、サンダースの反主流かつ民主的なポピュリズムも、ともに、利益のほぼすべてを奪い去るエリート層を糾弾する点において重なり合う。「主流派は我が身ばかりを守って、この国の市民を守りはしなかった。彼らの勝利はあなたたちの勝利ではなかった。彼らの成功はあなたの成功でもなかった。彼らはこの国の首都でそのことを祝っていましたが、全国のあちこちに存在する貧困家族には、祝福すべきことはほとんどなかったのです」とトランプは大統領就任演説で述べた。

マーティン・シュクレリなど、本書でこれまで述べてきた人々は、国民からの信頼をストレートに悪用してきた。政治経済のエリートたち、すなわちワシントン政官界の高官や大企業・金融界の重役たちも、世間の風潮に調子を合わせることしかしなかった点で罪深い。彼らは「コモングッド」が崩壊していくことから目を背け、本格的な改革を訴えることもしなかった。逆に、コモングッドの崩壊を否定したり、正当化したり、ついには、それが必然であると自らに言い聞かせたのである。

やがて、世間を恣意的で不公平だと感じる人々は増えていった。二〇〇一年のギャラップ社の調査では、一生懸命働けば出世する機会があることに満足していると回答した人が七六パーセントいたのに対し、そういう機会がないと不満を示したのは二二パーセントであった。ところが二〇一四年になると、満足感を持つ人は五四パーセントに減り、四五パーセントが不満を感じるようになった。ピュー・リサーチ・センターの調査でも、出世したいなら一生懸命働けばたいていは可能であると考える人の割合は二〇〇〇年から一四年の間に一四ポイントも減ってしまった。

アリストテレスは行き過ぎた不公平感は政治的不安定を招くと警告したが、現代の私たちもその怒りをあちこちで見たり、感じたりするだろう。飛行機でファーストクラスのエリアがより広くなると、後方エリアでは乗客同士のトラブルの発生頻度が高まるそうである。トロント大学のキャサリン・ディセルズとハーバード・ビジネス・スクールのマイケル・ノートンは、数百万路線に及ぶ国内線・国際線のフライト・データベースを使って「機内迷惑行為」を分析した。すると、ファーストクラスのあるフライトのエコノミークラスにおける「好戦的な態度」や「感情の爆発」の発生数は、ファーストクラスのないフライトの四倍に上ることがわかった。また、エコノミークラスの乗客がファーストクラスを通って自席に着くアプローチのほうが、ファーストクラスを通らずに機体の中央部から搭乗する場合よりも、こうした事案が起こりやすかったという。

このような怒りは、都合よく誰かのせいにされがちだ。たとえば、移民や外国人、ラテン系アメリカ人やアフリカ系アメリカ人、女性、特定の宗教団体や野党の人々などである。これが、戦術として人々に分断の種を植えつけ、偏狭と怒りによって政治力を築こうとする、扇動政治家を誘発することになる。すでに述べてきたように、民主主義には、自分が賛同できない関心事や見解であっても、自分の関心事や見解と等しく、尊重する価値があると考える「社会的な連帯」が必要だ。残念ながら、自分が支持しない政党を根本的な脅威と考える人の割合は徐々に増えている。二〇一六年大統領選挙のとげとげしさや、トランプ政権による国民不和が起こる前の二〇一四年に実施されたピュー・リサーチ・センターの調べでは、共和党支持者の三五パーセントが民主党を「国家の幸福に対する脅威である」と考えており、民主党支持者の二七パーセントが共和党を同じように考えている。

このような状況では、真実を突き止めようとする研究者や科学者やジャーナリストなど、扇動家の見方に与(くみ)しない人々を「信用するな」と煽る政治家を、人々はたやすく受け入れるようになる。その結果、「コモングッド（共益）」としての真実そのものも危うくなる。共和党上院議員ジエフ・フレイクは二〇一六年大統領選の有権者について「二大政党から見捨てられ無視されたと感じている人々が、とても複雑な問題に極めてシンプルな答えを出してくれて、その過程で楽しませようとしてくれる候補者に行き着くことを、いったい誰が非難できよう。今にして思えば、私たちは明らかに、みんなしてドナルド・トランプの登場を促したのだ」と記した。

私たちは「コモングッド」を取り戻すことができるだろうか。みんなにとっての善に寄与するような社会システムを構築できるのだろうか。

*Part 3*
*Can the Common Good Be Restored?*

# 第3部
# 「コモングッド」は取り戻せるか

Chapter 7

Leadership as Trusteeship

# 第7章 受託者精神というリーダーシップ

「コモングッド」を持つ気概を取り戻すこと以外に、私たちにどんな選択肢があるというのだろう。コモングッドを欠いては、社会はもはや機能しない。だが、社会が頼みとしてきた「信頼」の蓄積は、過去半世紀にわたり、「手段を選ばない」勢力によって徐々に蝕まれ、今やかなり枯渇してしまった。この状態から巻き返すのはかなり難しい。良き法律や巧みな政策によって取り戻すのは無理だろう。そのような法律や政策を作るには、まず、それが必要だとの国民の強い総意が必要だし、法や政策を成立へ導き、ザル法にならないようしっかり執行する政治力も欠かせない。だが、そのような総意は存在していないし、政治力もいまだ整っていない。したがって私たちは、良き法律や巧みな政策を強化できるかもしれないという希望を持ちながら、公衆道徳を体現するにはどのように行動すべきか、また公衆道徳とは何かについてもう一度真剣に考え直していくよりほかないのである。

手始めに「リーダーシップ」を考えよう。私が言いたいのは、大企業、政府、大学、慈善団体、労働組合、宗教団体などの経営において正式に権限を与えられた人々のことである。彼らはいかなるときもみな一様に、「成功することの意義とは何か」を自問している。昨今では成功とは、自分自身や自分が統括する組織を利する権力や富を「手段を選ばずに」蓄積することと定義されがちだ。しかし、これではまったく不十分だ。彼らリーダーの責任は、自らの組織に対する、公衆からの信頼を再び築いていくことでもあるのだから。

リーダーシップには、公的信任を引き受けるという受託者精神がなくてはならない。リーダーとは、人々に長らく当然のものとして受け入れられ、「コモングッド」を形作ってきた「不文律」の「番人」である。これまで示してきたように、半世紀前のＣＥＯは、企業が単に株主のためだけに存在するのではなく、従業員や地域社会、顧客や国民全体のために存在することを理解していた。また半世紀前の銀行は、人のカネで無謀な賭けをするために存在したのではなく、預金者や投資家の貯蓄を守り、それを慎重に融資するために存在した。健康保険は必要とする人全員をカバーするために存在し、優良な健康状態の人をいいように選んで大儲けするためのものではなかった。政党の存在意義は、有権者を組織化し情報提供をするためであって、巨額の政治献金やネガティブ広告で民主主義を毀損するためではなかった。時が経つにつれて、これらの組織とそのリーダーたちは、自らの正当性がコモングッドの推進にかかっていることや、リーダーシップとは人々からの公的な信任であることを忘れてしまったようだ。

リーダーシップを全うするには、そこに受託者精神が当然織り込まれていると理解すべきである。政治への信頼を損なうような政治的勝利は勝ちとみなされるべきでなく、むしろ社会にとって「純損失」だ。企業が人々の信頼を損なっておきながら空前の利益を得たとしても、それは成功とはいえず、社会的義務の放棄である。ロビー活動や選挙献金によって、ロビイストや献金者たちの望む法律や規制ができたとしても、それが民主主義に対する国民の信頼を弱めることになるなら、勝ちとはいえない。むしろリーダーシップの惨敗である。

しかし、自分が「手段を選ばず勝つ」ことをやめれば、それが政敵や競合企業を利することになり、自分の失職をもたらすとわかっていながら、本当にやめられるだろうか――これが「手段を選ばず」のリーダーシップを正当化する人々の定番の理屈だ。しかし、そもそも前提が間違っている。すなわち、彼らをリーダーに押し上げた有権者や投資家や組織の成員などの支持者が、リーダーには「手段を選ばず何でもやって勝ってもらいたい」と思っているはずだという思い込みである。

実は支援者の多くは、「手段を選ばず」何かをしてほしいなどとは思っていない。人々は「コモングッド（共益）」に対する自らの義務を理解しており、「手段を選ばず勝つ」戦略が長期的にはすべての人々を傷つけてしまうとわかっている。真のリーダーなら、このことをより多くの人々が理解するように促すべきである。一例を挙げよう。二〇一七年七月、医療費負担適正化法（オバマケア）の廃止について上院で最終採決を行う前日のことである。脳腫瘍の治療で地元アリゾナ州に帰省していたジョン・マケイン上院議員は、廃止か審議入りかを決する一票を投じるため首都ワシントンに戻ってきた。（廃止は彼の一票で回避されたのだが）マケインにとっては投票することが重要なのではなかった。彼は、ワシントンを席捲する「手段を選ばず勝とうとする」政治を糾弾するために議場へとおもむいたのである。マケインはまず、特定の法案争いに勝つことよりも、「コモングッド（公共善）」を重んじてきた旧い世代の議員たちに敬意を表することから始めた。「私は、この上院において、歴史上、ささやかどころではない役割を果たした、真の政治家であり我が国の偉人と言うべき議員諸氏のことをよく知っていますし、大変尊敬していますす」と彼は述べた。

偉大な議員たちには、共和党もいれば、民主党もおり、多様な経歴を持っていました。彼らは政治的野心から互いに対立することが多く、日々取り上げる議題に対しても、異なる様々な考え方を持っていました。国益に関わる最善策をめぐって極めて深刻な不一致を起こすこともしばしばでした。しかし彼らは、論争がどんなに鋭く忌憚のないものになっても、どんなに野心がむき出しになっても、上院が憲法上の責任をしっかりと果たすことができるよう、両党で協働して取り組む義務があることを自覚していました。……アメリカ議会上院は「最も偉大な審議機関」であると言われるたびに、私は、先達議員たちの原理を重んじる気骨と献身を思い起こすのです。

そして、マケインは現職議員に呼びかけつつ、有権者にも向けて、「コモングッド」が失われつつある現状を戒めた。「現在の議会審議は……私が覚えているいつの時代よりも党派性が強く、同族寄りで、時局即応的になってしまいました」と述べ、党派争いで勝つことよりも、国家の統治体制を維持し強化することのほうがより重要であると喚起した。

我が国の統治制度は、我々議員たちの気高さをあてにはしていません。むしろ不完全さを前提としており、議員個々人は、この国を地球上で最も強く豊かな社会とすべく努力しなければならないと命じているのです。つまり、我々議員は、アメリカ社会の強さと豊かさを保つ責任を負っているということなのです。たとえ、勝利に勝る満足感を得られないとしても、たとえ、ほんの少しの前進のために何か小さな犠牲を払う羽目になっても、たとえ、砂塵にまみれた挙げ句に三ヤード程度しか進展できず、共和・民主それぞれの陣営から「勝ちを逃した小心者」と誹(そし)られるとしてもです。

マケインが現代アメリカ政治における最悪の事態に迎合しなかったのは、このときだけではない。そうしたほうが勝利しやすくなるときですら、与しなかった。私自身、本当に気に入っているジョン・マケインとの思い出の一つに、二〇〇八年大統領選挙でのミネソタ州のタウンホールミーティングがある。ある支持者がオバマが大統領になってしまうことを「怖いと思っている」と発言した。マケインは「これはぜひともお伝えしなくてはなりませんね。オバマ上院議員は本当にちゃんとした人で、アメリカ大統領としてあなたが怖がるような人ではないんです」と応じた。すると会場の共和党参加者からブーイングが起きた。「いい加減にしろ、ジョン」と一人が叫び、他の人々はオバマは「嘘つき」で「テロリスト」だと大声を出した。マイクを持っていた女性が「私はオバマを信用できません。彼のことについても読んだんです。彼は、アメリカ人ではないですよね、彼はえーっとえーっと、彼はアラブ人でしょう」と言うと、その瞬間マケインは彼女の手からマイクを掴み取りこう言った。「いや、それは違います。彼はすてきな家庭人でありアメリカ市民です。たまたま私とは基本的な政策課題において意見が異なるだけです。選挙戦では良き市民であることがすべてです。オバマはアラブ人ではありませんよ」。

「手段を選ばず勝つ」政治を反転させる可能性が高いのは、ジョン・マケインのような政治リーダーが、ほかの政治家たちに、「コモングッド（良識）」を犠牲にしてまで勝ちを求めるのではなく、良識に目覚めよと命じることであり、国民に良識の尊重がいかに大切かをわからせることである。政治的リーダーシップの真髄は、そこにある。

二〇一七年、アリゾナ州上院議員ジェフ・フレイクも、トランプを阻止できなかった共和党の同僚議員たちを非難して、同じようなリーダーシップを発揮した。「起きている出来事があたかもまともな方向へ向かっているように振る舞い続けるためには、批判能力を無理やり棚上げにせざるを得なかった。そしてとてつもない否定力を必要とした」とフレイクは記している。「共和党が議会とホワイトハウスを制している今なら、積年の政策課題が実現可能だからといって、我が党の組織や価値観を犠牲にして、問題だらけの彼［トランプ］の尻馬に乗ろうとしても、結局は（犠牲に対して得るものが割に合わない）『ピュロスの勝利』に終わる懸念は大いにある」。フレイクは国民に、政治とは自己統治の力を強化するものでなければならないと思い出させたのだ。彼はこう続けた。「もしこれが（勝てばその身をすべて委ねる）ファウスト的な取引なら、応じる価値はない。究極のところ、我々の原理がもはや原理と呼べないほどに融通無碍なら、そもそも政治的勝利に何の意義があろうか」。「歴史上、最も無茶な政治の時代であるにもかかわらず」保守派は我が国の統治制度を軽く見ていると警告し、「二〇一七年の今、私たちがどれほど苦労してこの制度を確立させたのかも、それがいかに脆弱なものであるかも、判断できなくなってしまったようだ」と述べた。

自らの党首脳に対し「手段を選ばず勝つ」政治をすべきでないと警告したのは、共和党議員だけではない。二〇一五年一〇月、民主党予備選挙の討論会で、バージニア州上院議員ジム・ウェブは、もし大統領に選ばれたらバラク・オバマとはどのように異なる政治をするのかと問われ、違ってくるのは「行政権の活用」となろうと答えた。大統領令を駆使して立法化するオバマの手法には反対だ、そういうやり方は政府の統治機構を毀損すると述べた。「私は議会の委員会スタッフでした。下院委員会スタッフとして毎年何十もの法案を議場を通して提出していたのです」とウェブは続けた。「私は、最近の政治的分断のせいで、人々の活動が麻痺し続けるのを放置せず、連邦制度はどう機能すべきで、議会政治のプロセスはいかに推進・活性化されるべきかに非常に強い思い入れを持っています。そのために、私は、議会において共和党とも民主党とも、ともに働きます。合衆国憲法が想定した伝統的な方法によって、両党と一緒に物事を進めていくつもりです」。

「手段を選ばず勝つ」政治は、「コモングッド（公共善）」の大きな犠牲の上に成立しており、しかもその犠牲は往々にして外からは見えない。マケインやフレイクやウェブたちは、それら隠れた犠牲のいくつかに光を当てたのである。

アメリカ大統領は国の最高執行者というだけの存在ではないし、彼の（将来的には「彼女の」）政権は、特定の政策理念を推し進める場でもない。大統領は倫理的リーダーでもあり、その執務室は「コモングッド（良識）」を託された威厳のある場所なのである。これまでの大統領が全員、倫理面で模範的であったとはいわないが、大統領は必然的に国全体の倫理的な風潮を醸し出すことになる。大統領が表明し体現する価値観は、社会全体に瞬く間に広がり、「コモングッド（公共善）」を強めたりも弱めたりもするのである。

ジョージ・ワシントンの伝記作家の一人、ダグラス・サウソール・フリーマンいわく、ワシントンは、計り知れない本質的価値のようなものが自分に付託されていると考えており、その価値を擁護し、長く持続させることが責務であると考えていたという。アメリカ独立戦争が始まる一七七五年六月、「イギリスからの独立をめざして設立された、一三の植民地を代表する」大陸会議はワシントンを国軍の総司令官に選出した。その時点ですでに彼は「革命の大義を勝ち取るために必要な目的意識や忍耐や決意を体現し、人々の倫理観を結集できる人物であった。ワシントンは、率直さと敬意をもって、自らの義務への献身を明確に語り、大陸会議の支持を獲得し、加えてニューイングランドからの支持も同じように取りつけたのだった」。ワシントンは、合衆国憲法の大義と自由に対する義務を体現していた。彼は道徳的モデルという点で人を圧倒していたのである。

約二四〇年後の二〇一六年大統領選。［ヒラリー・クリントンとの討論会で］ドナルド・トランプは連邦所得税未納を糾弾された。すると彼は「それは私が利口だということだ」と応じたのである。このときトランプはまだ大統領ではなかったが、このコメントを聞いた何百万人のアメリカ人は、きちんと納税することは市民の義務ではないとのメッセージを受け取ってしまった。既述の通り、トランプは、自分は政治家に献金しているのだから、政治家は自分の思い通りに動くはずだと豪語していた。「政治家が電話してくれれば献金するよ。そして、わかるよね、二年後や三年後、彼らに何かしてほしいとき、こちらから電話をするのさ。彼らはそのためにあそこにいるんだから」。換言すれば、この国の民主主義がどうなろうと、経営者が政治家を買収するのはまったくもって問題ないというわけだ。

トランプはまた別のメッセージをも国民に送ってしまった。大統領選の間も、就任後でさえも、納税報告書の公表を拒み、利益相反を避けるために自分の事業を白紙委任信託（ブラインド・トラスト）とすることも拒否した。あるいは、大統領職で一儲けしようというのが見え見えなのだが、他国の外交団を、首都ワシントンに自らが所有するホテルに宿泊させたり、自分のゴルフ場を宣伝したりもした。これらは倫理的な堕落というだけではすまない。大統領職に対する国民の信頼を衰弱させ、人々の持つ「コモングッド（公共善）」を直撃してしまう。二〇一七年六月、『ニユーヨーク・タイムズ』紙の社説はこう述べた。「トランプ氏とその周辺の人々にとって重要なのは、何が正しいかではなく、そこから何が持ち逃げできるかなのだ。トランプ政権では、不正行為を露見させたくないなら、物事の限界を超えないようにすればよい。政治倫理を扱う官僚たちは、この政権では一つの疑惑を追いかけると、すぐに別の疑惑が二つ出てくるといった具合で、もぐら叩きゲームのようで疲弊させられると語っている。そもそも倫理規定は、こういうことをする政権を想定して書かれてはいないからである」。

大統領の最も根本的な責務は統治制度を擁護し、維持することである。ところがトランプはむしろこれを弱体化させてしまった。トランプが大統領候補だったとき、ある連邦裁判所の判事を名指しして、その人物の両親がメキシコ人だからトランプの訴訟案件を審理すべきでないと主張した。トランプは法曹人に対する侮辱以上に、この国の法制度が持つ不偏性を攻撃したのである。トランプはまた、自分に批判的な新聞社を訴えることができるよう、後にはこれに加えて、批判的なテレビ局の免許取り消しができるよう、名誉毀損に関する連邦法を緩和するつもりだとも脅したが、このことは単なるメディア叩きにとどまらず、報道機関の自由と品位を汚す行為だ。就任後もトランプは、バージニア州シャーロッツヴィルの暴動で、ネオナチやクークラックスクランなどユダヤ人や黒人を排斥する秘密結社と、排斥に反対する人々とを同列に扱って、暴動に関わった「双方」を非難することにより、政治的に中立であろうとしなかった。白人至上主義を大目に見ることによって「権利の平等」を傷つけたのである。トランプはまた、違法行為の証拠なしに中南米系移民を拘束できないとの裁判所命令を無視したことで有罪判決を受けていた、アリゾナ州マリコパ郡の元保安官ジョー・アルパイオに恩赦を与えたが、このことは警察は市民の公民権を蹂躙してかまわないのだという国民へのメッセージとなっただけでなく、公務員に判決を遵守させる司法の力を弱めることで、この国の「法の支配」をも覆したのだ。また、「Black Lives Matter運動のころに」ナショナルフットボールリーグ（NFL）の選手たちが、試合前の国歌斉唱に際し、黒人差別に対する抗議を込めて、片膝をついて起立を拒否したときも、トランプは選手に愛国心を見せろと要求したが、それは、彼らの、そして間接的にはすべての人々の「言論の自由」を侮辱したも同然である。このようにして、トランプは私たちの民主主義の中核的な価値を傷つけてきたのだ。

NBA所属プロバスケットボールチーム「ゴールデンステイト ウォリアーズ」のヘッドコーチ、スティーブ・カーは、トランプがNFL選手を批判したことについて、選手たちの行為への見方を考え直すよう、監督としての立場からこう語った。「選手たちが何に対して抗議していたのか、ちょっと考えてみてください」と。

選手たちは、警察の行き過ぎた暴力行為と人種差別に対して抗議しているのです。これらはまさに抗議するにふさわしい問題です。しかも、彼らはそれを「非暴力」でやっている。これこそマーティン・ルーサー・キングが説いたことではないですか。アメリカの軍人の多くは、自分は「言論の自由」を守るために戦っているのだと言うでしょう。それなのに、この国のリーダーが、彼らのことを（かつてトランプがテレビ番組で連発したように）「クビだ」と大声で叫ぶなんて、本当に、本当に腹立たしいことです。

カーはさらに踏み込んで、トランプに対し、国を分断するのではなく、結束させるために、大統領にふさわしい道徳的な権威を行使するよう強く主張した[1]。

私たちが暮らすこの国は本当に素晴らしいところです。でも、この国には欠点もある。私自身、ここで生きていけることは信じられないほど幸運なことだと思っています。だからこそ、私「気に入らないなら、出ていけばいいじゃないか」という喧嘩は勘弁してほしいのです。私

（1）訳注　自身が元NBAプレイヤーのスティーブ・カーは、中東研究者の息子としてベイルートで生まれた。バスケットを始めたのはエジプトの高校時代である。その後アメリカの高校に編入し、アリゾナ大学に進学してバスケットに専念した。そのころ、父親をイスラム過激派により殺害された経験を持つ。

はこの国の生活が好きですし、この国を愛しています。この国はまだ完ぺきからはほど遠いということを受け入れることが大切です。だからこそ、この国をより良くしようと努力する責任が私たちにはあるのです。そのための方法は、問題に気づくこと、理解すること、そして受け入れることです。受け入れるだけではなく、多様性を取り込むことです。多様性に本気で取り組むことは、自分自身が何者であるかということを受け入れるだけでなく、私たちを一段と強くもするのです。でも、まだそうなってはいません。思い出していただきたい。大統領は私たち国民のために働くのであって、その逆ではないのです。私たちが彼を選んだのです。大統領は単に自分の支持層や支持母体のために働いているのではありません。国民一人ひとりのために働くべきなのです。ひとたび大統領職に就いたからには、国全体にとって最善のことをすべきです。もちろん、大統領とはいえ与党の方針に沿った政策を進めることになるのでしょう。しかし、そのことは重要ではない。トランプ大統領、私は謹んで申し上げたい。あなたは大統領なのです。私たち国民全員を代表しているのです。私たちを分断しないでください。私たちを団結させてください。

アメリカの大統領になるということは、その人の見識に国民が正統性を与えることにほかならない。シカゴ大学のレオナルド・バースティン教授が率いる経済学者のチームは、二〇一六年大統領選でトランプが行った、移民問題に関する長い演説によって、反移民の偏見が合法化される素地ができたことを証明した。投票日の二週間前、バースティンらはトランプがリードする八つの州から四五八人を選んだ。半数には「トランプが確実に勝つであろう」と告げ、残りの半分には何の情報も与えなかった。そのうえで、調査対象者一人ひとりに、研究チームが反移民組織FAIRに一ドル寄付することを認めるかどうかを尋ねた。研究チームが調査対象者に説明した通りの表現によれば、FAIRは反移民組織で、その創立者はアメリカ人の半数以上はヨーロッパ系であってほしいと考える人物である。調査対象の半数に対しては「回答は匿名である」と告げられ、残りの半数は「回答が公開される場合もある」と告げられた。すると、トランプ優勢を聞かされなかった場合でも、「回答は匿名である」と告げられたグループのほうが、「回答が公開される場合がある」と告げられたグループよりもはるかに多く反移民組織への寄付を支持した(匿名の場合は五四パーセントが寄付を許可、公開されるかもしれない場合は三四パーセントだった)。だがトランプの勝利が見込まれると知らされた場合は、回答が匿名であるかどうかにかかわらず、半数が寄付することを容認したのである。

アメリカ人の多くはトランプ以前から反移民感情を持っていたが、それを心の中におしとどめていたのだ。おそらくその感情が自覚できるレベルまで大きくなっていることすら認めようとしてこなかった。そのような感情は誤りとされているからである。つまり、コモングッド(公共善)

に反するからだ。ところが、トランプの優勢が、自分以外の数百万人の人々も同じことを思っているらしいと示唆することになり、国民の中にある反移民感情を正当化してしまった。トランプ就任後、反移民の偏見は許容されるようになってしまった。

政敵への非難も、選挙が終わったにもかかわらず続いた。トランプよりも前の時代には、権力を平和裏に移管させることはこの国の民主主義の大きな特徴とみなされていた。ハーバード大学の政治学者アルコン・フォンは次のように記している。「敗者が勝者を祝福し、思慮深く敗北を宣言することで、勝敗をもたらした民主的プロセスを尊重するという意向が表明される」。これが戦いのあとに礼節を復元する大切な手段なのだ。二〇〇〇年大統領選で、アル・ゴア候補がジョージ・W・ブッシュに負けたときの、寛容に満ちた敗北宣言を思い出してみよう。フロリダ州での得票の数え直しと、それをめぐって最高裁まで争うほど熾烈を極めることとなった選挙戦の五週間後、最高裁が五対四でブッシュの勝利を宣言した翌日のことである。「次期大統領ブッシュ氏に申し上げる。党派的な敵意の残滓はもう忘れよう。そして、この国のために彼が担うことになる責務に神の恵みが与えられんことを祈ります……彼も私もここに至る道が、これほど長く険しいものになるとは思っていませんでした。もちろん二人とも、このようなことになるのを望んではいませんでした。しかし、実際にそれが起こってしまい、そして、終結しました。決着させねばならないこととして、この国の民主主義が誇る仕組みに委ねられ、それによって決着したのです。……最高裁判所が決定を発表しました。その決定に私自身は強く反対しますが、しかし疑う余地はありません。この結果を受け入れ……そして、人々の結束と強靭な民主主義を守るために、今夜ここに、私は敗北を宣言します」。

これに対するブッシュの返答もまた寛容なものであった。「ゴア副大統領と私は、ともに情熱と希望をこの選挙戦に注いできました。この瞬間が、ゴア副大統領とその家族にとっていかに辛いものであるか、私にはわかります。ゴア副大統領は、下院議員として、上院議員として、そして副大統領として、この国に仕え、卓越なる実績を残しました。今晩、私はゴア副大統領からとても丁寧な電話をいただきました。そして来週前半に首都ワシントンで会うことを決め、激戦によって疲弊したこの国をいやすために最善を尽くすことに同意しました……アメリカ人はいかなる政治見解の相違よりも、希望や目標、価値観を共有することのほうを大切にします。共和党員は我が国のために最善を尽くします。そしてそれは民主党員も同じです。人々が投票する先は違っていても、人々の希望は同じなのです」。

有権者の多くは、ブッシュ勝利の正当性に疑問を持ち続けたが、だからといって内乱は起きなかった。もし、あのときゴアが、ブッシュの勝利は不正だと辛辣に彼を非難していたらどうなっていただろうか。最高裁判事の候補として共和党が選出したブッシュ寄りの五人の候補を非難していたら何が起こっていただろうか。選挙期間中に、もしブッシュがゴアをいろいろな不正行為を理由に刑務所に送ると明言したり、勝利した後で、自分はゴア（あるいはビル・クリントン）によって選挙中にFBIやCIAから監視され失墜させられようとしていたのだと非難したら、何が起こったろう。こんなことをすれば（トランプは実際にこれに近いことを表明したわけだが）、この国の安定は危険にさらされる。それは「勝つためなら何でもあり」という極端な政治のために「コモングッド（良識）」を犠牲にする行為だ。だが、ゴアもブッシュもそうはしなかった。歴代の大統領候補者が選挙戦の終わりに行ってきたのと同じく、道徳的な選択をした。そして二人とも、権力を平和裏に移管させることが、憲法遵守の精神を確固たるものにすること、それこそが自らの勝敗以上に重要であることを理解していたのである。まさに公衆道徳に関わる問題だ。だが、トランプはそんな意識を持つ由もなかった。

以上が、トランプが受託者精神を持ち得なかった、失敗の核心である。彼の失敗は、政策の選り好みや、国民を団結させずに分断させたことや、大統領にふさわしくない子どもじみた報復的な振る舞いをしたことではない。自らの目的達成のために、アメリカの民主主義のプロセスとその体制を犠牲にしたことなのだ。「勝つためなら何でもありだ」と発言し行動することで、国家の自己統治の力を擁護し継続するという、人々が大統領に寄せる信頼を、トランプは虐げたのである。

大企業のＣＥＯや取締役も「コモングッド（共益）」を託されてきた。株価を最大化するためならどんなことでもせざるを得ず、ほかに手段はなかったのだというのは弁解にならない。そうせよと求める法律はないのだから。これまで示してきたように、企業の唯一の目的を株価の最大化とみなす考え方は比較的新しく、一九八〇年代になってからのことだ。それ以前の数十年間の支配的な考え方は、企業はすべてのステークホルダーに対する責任があるというものであった。

二〇一四年夏、ニューイングランド地方のスーパーチェーン「マーケット・バスケット」社では、その年の初めに取締役会が決議した、人気社長アーサー・Ｔ・デモウラスの解任に対し、幹部と従業員と顧客とが協力して反対を唱えた。彼らが起こしたデモや不買運動により、七〇ある店舗のほとんどで客足が止まった。アーサー・Ｔという人物の卓越ぶりが人々によく知られるようになったのは、その経営手腕によってであった。競合店よりも価格を低めに抑えつつ、従業員の給料を高くし、店長や従業員により多くの権限を与えたのだ。解任される直前、アーサー・Ｔは株主よりも顧客のほうがお金の使い方をよくわかっていると主張して、顧客に四パーセントの追加値引きを提供した。彼は「マーケット・バスケット」を、株主だけでなく誰もが利益を受けることができる「共同会社」であると考えていたのである。そしてまさにこのことが、取締役会が彼を解任した理由であった。それでも最終的に消費者と従業員が勝った。不買運動の負担が極めて高くつき、取締役会は同社をアーサー・Tに売却したのである。

「マーケット・バスケット」社は上場会社ではないことから、大企業のCEOは、それは自分には当てはまらないと言うかもしれない。証券取引所で取引されない非上場企業なのだから、株価を最大化できなくても憂う必要がなく、乗っ取り屋やアクティビスト投資家らの言いなりになる恐れもない。確かにそれはそうだ。しかしだからといって、上場企業ならCEOが従業員や顧客への責任から逃れられるわけでもない。アーサー・Tのビジネスモデルは、そこに多数の株主が関わっていたとしても成立し得る。たとえば、カリフォルニア州ベンチュラを拠点とする大手アパレル「パタゴニア」は、自社を「ベネフィット・コーポレーション」として組織化している。ベネフィット・コーポレーションとは、株主と同様に従業員や地域社会や環境面での利益を考慮に入れることを、定款で義務づけている営利企業のことである。ベネフィット・コーポレーションは、「Bラボ」という非営利の第三者機関が認証するもので、定期的にレビューを受けなければならない。二〇一七年までに、三一州の会社法でこのような形式での法人化が認められ、CEOや取締役に対し、すべてのステークホルダーの利益を考慮するための法的権限が与えられることとなった。

だが、CEOはそれでもなお、こう主張するかもしれない。株式を公開して資金調達しようと思ったら、株主の利益のみに専念せざるを得ない、さもなければ、企業間競争の中で一掃されてしまう、と。まるで、これを変える術がないほどCEOとは非力なものなのだと言っているように聞こえる。しかし、市場はルールに基づいており、そのルールを作るのは人間であることを思い出してほしい。そして大企業のCEOには、ルールを変えるための過大な政治力があることを思い出そう。リーダーシップには受託者精神が伴うことを理解しているCEOならば、自らの大きな政治力を使って、ステークホルダー資本主義を復活させる法律の制定を推進できるかもしれない。CEOにすべてのステークホルダーを考慮するよう義務づけたり、ドイツのように労働者に経営に対するより大きな発言権を与える、あるいは自社の撤退により衰退してしまう地域社会に対し企業が「別離」手当を払うことを義務づけたり、顧客や従業員との契約において強制的な仲裁措置を講じることを禁じたり、CEOの報酬の課税控除に制限を掛けたりすることなどができるはずである。

力を保持していながら、なぜそこでやめてしまうのか。大企業のCEOは、自分たちのような少数の特権階級のためでなく、「みな」のために経済が機能するよう「どんなことでも」できるのに、なぜしないのか。反射的に減税を求めるのではなく、企業や自分たちのような富裕層に対する増税を要求し、増税分で子どもたちが通う学校を改善することもできるはずである。ほかにも最低賃金の引き上げや賃金補助の拡大（勤労所得税額控除（EITC）を活用すればよい）、インフラの改善、原資を持ち運びできる年金の拡充、国民皆保険の実現など、アメリカの労働者の賃金を向上させ経済的な安定をもたらす方策を考えることはできるはずだ。労働者が組合を作ることを妨げる法律で対抗するのでなく、組織化しやすい法律に向けて取り組むことができるはずなのである。

読者は、それを到底無理なことだと思うかもしれないが、その事実こそ、いかに今の私たちが、かつてこの国の産業人が自らを「コモングッド（共益）」に対する責任を負う「企業政治家（コーポレートステイツマン）」であると自負していた時代から、遠いところへ来てしまったのかを示している。一九四〇年代から五〇年代にかけて、ゼネラルモーターズやコカ・コーラ、イーストマン・コダックなどの主要企業のCEOは、政府の経済開発委員会に参加し、雇用拡大をめざしてロビー活動を行っていた。一九六〇年代には、これらのCEOの多くが環境保護の規制強化を求め、それが環境保護法の成立につながったのである。

すでに述べたように、今やアメリカ人の多くが、我が国の経済システムは大企業やウォール街の金融業界に有利なように仕組まれていると思っているし、実際多くの点でそうなってしまった。しかし、彼らのそうした行為を阻止する手段がないのだ。大企業や金融大手の経営者たちがその富を政府の「選挙資金補助制度」に回せば、候補者たちはあれほど巨額の資金を自前で用意しなくても済む。産業界と政府の間の「回転扉」をもっと厳しく規制するよう促したり、すべての選挙資金の開示を法制化することもできるはずだ。国会議員のロビー活動や選挙活動費に制限を掛ければ憲法改正を行うよう、ＣＥＯやウォール街の経営者こそ旗を振るべきなのに、なぜそれをしないのか。

その答えは、要するに彼らを止める手段がないからに尽きる。彼らが自らのリーダーシップとして繰り返し主張する、「何が何でも」企業利益と株主価値を最大化しなくてはならない、とする自己中心的な概念をおいてほかに彼らの行動を抑制する術はないのである。しかし、アメリカの政治に大きな影響力を持つ組織のリーダーとして、彼らにはコモングッド（共益）に対する責任があり、彼らはそれを推進するべき特殊な立場に置かれている。彼らがあまりにも長い間、その責任を放棄してきた結果が、今私たちが過ごしているこの社会である。彼らがしてきたことの帰結が、私たちにはよく見えている。彼らだってその気になれば、簡単に見ることができるはずなのである。

これらのことは、単なる「倫理」上の問題ではない。倫理とは明らかな利益相反を退けながら、公明正大な方法で法的責任を果たすことである。しかし今日の経営大学院で当たり前に教えられ、多くの専門資格の取得条件になってもいる「倫理」は、法的問題や広報上の失敗をいかに回避するかに終始してしまっている。受託者としてのリーダーシップとは、「倫理」の範疇を超え、働くことの「核心」に行き着く。どのような機関を率いていようと、その中心的な役割について、これまでとは異なる考え方をする必要がある。公選や任命による公職も、企業経営者も、非営利団体などの社会的組織も、リーダーならば、みな、自ら率いる組織に対して、そして、政治経済システム全体に対して寄せられる、人々の「信頼」の増強に努めなければならない。彼らのリーダーとしての成功は、自分自身やその組織が調達した金額の多寡、彼らが蓄積した権力の強度、生み出した影響力だけで評価されるべきではない。後世に引き継がれるべき「信頼」という遺産によっても評価されるべきなのである。イスラエルの前大統領兼元首相シモン・ペレスは自身の回顧録の中で、「私たちには、リーダーシップを崇高な大義とみなす世代が必要である。リーダーシップを個人的な野望ではなく、倫理や奉仕の精神としてとらえる世代が必要だ」と述べた。確かにその通り。リーダーシップの目的は単に勝つことだけではない。奉仕することなのだ。

Chapter 8

Honor and Shame

# 第8章 名誉と恥

昔から「コモングッド（良識）」は、模範的な行為をした人を讃えたり、私益のためにそれをないがしろにした人を非難することによって、それぞれの社会で強化されてきた。ここで再び、私たちはそんなふうにコモングッド（良識）を強化できるだろうか。理想的には、子どもたちは、名誉や恥について両親や先生やメンターや宗教的リーダーたちから諭されたり、彼らの振る舞いを見ることによって、早い段階で学んでいく。憧れの大人の生き方や、軽蔑する大人の行為を通して、子どもなりに道徳心を養うよう大人が促す。そしてそういった学びは、聖書などの宗教書、歴史書、優れた自叙伝、英雄伝や英雄を裏切る背信小説などの道徳的物語を通して次世代へ受け継がれ、あるいは歌や映画や自伝や日々のニュースなどの大衆文化の中に埋め込まれていく。これまで述べてきたように、アメリカ大統領には、名誉や恥を身をもって体現するという特別な役割が託されている。こうした学びの蓄積が、プロパガンダとしてではなく、社会が持つ価値観の表出として、世の中に「コモングッド（良識）」を成立させ、人々に再認識を促すのである。

同族的文化も名誉と恥によって成立している。すでに述べたようにアメリカでは建国以来、宗教的地域社会が、人に大きな意味を持っている。そうした情緒はアジアのある文化圏では社会的には社会の成員として互いに義務を負っていることを知らしめていた。人間にとって「帰属すること」は最も必要なことであるから、名誉や恥が持つ影響はとても強力であった。人類史上のほとんどを通じて、人が生き残れるかどうかは、自分の家族や一族や同族次第であった。非常に尊敬される人物であるということは、その集団全体から強い支持を受けていることを意味した。そして集団から追放されるということは、多くの場合、死を意味していた。

現代のアメリカにおいては、名誉や恥の意味が取り違えられているようだ。「コモングッド（良識）」を高めることなく単に著名になったり悪名をとどろかせたりしただけの人や、巨大な富や権力を得ただけの人を高く評価してしまっている。あるいは、私欲のためにコモングッド（良識）をないがしろにした人を恥ずべき人とせず、広く支持されている流行やカッコよさに合わせない人のことを恥ずかしい人とみなす。

もしコモングッド（良識）を復活させたいなら、善なる行為に着目し、社会の信用を毀損するような行為は糾弾して、名誉と恥を適切に使い分けなくてはいけない。もちろんそれは微妙な問題もはらむ。「恥」を意味あることとしたいなら、コモングッド（良識）を損なう行為に憤りを感じる能力を、普通の人々が持ち続けていなければならない。人々がシニシズム（冷笑）に陥り、コモングッド（良識）外れの行為を目にしても何も感じなくなっているようだと、恥を恥だとも思わなくなるだろう。そうやって恥ずべき行為が「まとも」なものになっていく。「コモングッド（良識）」をあからさまに軽視する人は、多くの場合「恥」を感じる能力も低い。文字通り「恥知らず」なのである。マーティン・シュクレリは、詐欺罪を問われた裁判中に検察官をあざ笑い、有罪判決が出た後はにやにやと薄ら笑いを浮かべた。

社会において本当に称賛されるべき人々の中には、名誉を求めない人もいる。その慎み深さと謙遜が彼らを目立たなくしてしまう。このような人は、自分ではなく他者の功績や偉業を称賛するあまり、自分がいかに模範的で卓越的であるかに思いをいたさない。政治学者のヒュー・ヘクロは、シカゴ・カブスのライン・サンドバーグ選手が二〇〇五年に野球殿堂入りしたときに述べた「フィールドに降り立つとき、私はいつも、畏怖の念に駆られていました」という言葉を引き合いに出している。

つまりそれは「敬意」であります。私はこのように教わりました。決して、絶対に、対戦相手を見下してはいけない。チームメイトや所属チームやマネージャーを見下してはいけない。決して、絶対に、自分のユニフォームを軽視してはいけない、と。そして、いいプレイをせよ、これまでずっとやってきた通りに行動せよ、と。長打が出たら、三塁コーチを探し、塁を進められるよう備えよ。ホームランを放ったら、頭を下げ、バットを下ろし、塁を回れ。なぜならユニフォームの胸に書かれたチーム名は、背中にある自分の名前よりもはるかに重要なのだから、と。

サンドバーグは、殿堂入りした先達たちに称賛を向ける。

ここに座る先輩たちは、後に続く私たちに、打席に立つたびに大胆にバットを振って大ヒットを飛ばし、走者に三塁の回り方を忘れさせるほどのプレーをさせるために、野球の道を固めてきたわけではありません。そんなふうに考えるのは、先輩たちへの、そしてファンのみなさんへの敬意を欠いており、私たちみんなを育ててくれた野球というゲームに対する冒とくでもあります。「敬意」。多くの人が殿堂入りは私のキャリアを証明していると言ってくれます。しかし、私は立証してもらうために頑張ってきたのではありません。ダッグアウトからトンネルで直結している控室でもらえる報酬目当てにプレーしたのではありません。正々堂々とプレイをしたのは、それが私がすべきことだったからです。公正に、敬意をもって試合に臨む。もしこのことが何かを証明しているとすれば、それは「試合」とは何かを教えてくれた先輩たちがすべきことをしてきたという事実、そして私もまた自分がすべきことをしたという事実にほかなりません。

名誉と恥は、悪者に使われたり誤った目的に利用されたりすると、社会に危険な感情をもたらす。歴史を見ても独裁者や扇動者たちは、自分に忠実な者には名誉を与え、無謀にも自分に歯向かう者には恥辱を与えようとした。公の場で恥をかかされることは痛みと汚名をもたらす。独立宣言の署名者の一人で、罪人に足かせをはめてさらし者にする刑やむち打ちの刑の廃止を求めたベンジャミン・ラッシュは「屈辱が死よりもひどい罰であることは古今東西知られている」と記している。四世紀前、公の辱めにはAの緋文字を刻印するというのもあった。一九五〇年代にはジョセフ・マッカーシー上院議員が、人々を共産党員であると糾弾して、その人たちの評判やキャリアを台無しにした。今日では、ソーシャルメディアで、多少ばかげたことや無神経なことを書いたとか、自分と違う見方を示したにすぎない人々に対して怒濤の罵倒が寄せられる。それはときに、感受性の強いティーンエージャーの自殺の引き金になるほどだ。

現代のアメリカで「名誉」の意味合いが混乱している一つの理由は、それを授ける側に往々にして下心があるからだ。政府は大学、病院、博物館など非営利団体への資金供給を止めてしまった。教会や地域グループなどの社会奉仕団体もどんどん干上がっている。公共テレビ放送や美術館、博物館、図書館への予算も削減されてきた。研究助成も減少し、大学への助成金も削減予定である。その一方で、ごく少数の人々が巨万の富を手中にため込んでいる。この二つの傾向が激化し、非営利団体は「名誉」という餌を利用して、富裕な支援者を釣り上げるようになった。今や、大学や教会の信徒会、シンクタンクなどの非営利組織のトップたちはかつてないほどのおべっかを富裕な支援者に向けており、大スポンサーのために祝賀ディナーを開いたりする。大学は名誉学位を授与したり、スポンサーの名を冠した教授職ポストを作ったりする。賞やメダルを与えることもあるし、名誉を讃えて彼らの名が付いた賞やメダルを作ったりもする。その名は大学内の講義棟やコンサートホール、博物館などにも付けられ、一族の姓が建物の花崗岩や大理石に永遠に刻まれる。こうしたことのすべてを通して、彼らの存在が社会が認める栄誉と同義になっていくのだ。

ところが奇妙なことに、こうした大口寄付者たちがどうやってその富を築いたかについてはほとんど、あるいはまったく着目されない。もしかしたら、規制法を違反したり回避したりしたかもしれないし、政治家を買収したかもしれない。インサイダー取引をやったり価格つり上げをしたり、投資家をだましたりしたかもしれない。自分たちの陰謀がどんな結果をもたらすかを無視して突き進み、あやうく世界経済を崩壊させるところだったかもしれない。こうした行為はしかし、目前の寄付協定とは無関係とみなされ、彼らは寄付の見返りとして、徐々に社会から道徳的に受け入れられていく。ここからわかるのは、コモングッドは何ら重視されず、富と権力だけがものをいうという微妙な教訓だ。

第5章で述べたマイケル・ミルケンは一九八九年に恐喝や証券詐欺で告訴された。彼は証券取引の報告義務違反を認めて、一〇年の実刑（その後二年に減刑）、罰金六億ドル、証券業界からの永久追放判決を受けたのだが、まさしくその彼は二〇一六年、アーマンド・ハマー慈善活動大賞を受賞した。授賞式で元映画会社幹部のシェリー・ランシングは「マイケル・ミルケン、その人なしには、前立腺がんの研究は今日ある水準には至らなかったでしょう」と大げさに称賛した。「彼はこの分野のパイオニアです。したがってすべてのがん研究において、私は彼に非常に感謝しています。たぐいまれなる寛容の人であります」。

ミルケンの寛大さは見上げたものだが、公的な名誉をミルケンに与えるに際し、その巨富を彼がどう得たのかという道徳的な問題について、慈善家たちは棚上げにするしかなかった。これは「意図的な無自覚」の一例である。保守派論客で教育長官を務めたこともあるウィリアム・ベネットはかつてこう記した。「我々の文化には判断回避主義が蔓延し、道徳的な能力を麻痺させている」。仮にミルケンが公式に自分の詐欺行為を過ちであったと認め、社会貢献活動によって自ら償いをしたいと示していればまた違ったかもしれない。そうすれば少なくとも、その結果としての「名誉」に、コモングッド（良識）をめぐる食い違いは起こらなかっただろう。あに図らんや、ミルケンは自分のしたことに自らたっぷりと称賛を与えた。二〇一七年、ミルケンは自らの公式ウェブサイトに、「様々ある証券商品の中でも、転換社債や、優先株、高利回り債、担保付貸付、株式転換社債手形、証券化された債務やデリバティブなどを駆使して、何百万もの雇用創出を促し、『タイム』誌支局長をして、ミルケンはほとんどすべての判断において間違いがない（一九九七年）と言わしめた」と載せたのである。

支援者の名前を冠する取引においては、その主がスキャンダルに見舞われた場合に、受益側は弁護せざるを得ず、微妙な立場に陥ることもある。ハーバード大学ケネディ行政大学院のタウブマンセンター棟は、一九八八年にアルフレッド・タウブマンが一億五〇〇〇万ドルを寄付したことを記念して名づけられた。二〇〇二年、タウブマンは二大オークション会社を手玉に取って価格のつり上げを画策したとして有罪判決を受けた。判決を受けてハーバード大生たちが大学当局にセンター棟の名前を変えてはどうかと問うたところ、答えはノーであった。タウブマンセンター所長は「彼が実行した様々な構想において、タウブマン氏は大変倫理的に生きてきました。彼が有罪判決を受けたからといって、彼の人生が倫理的でなかったとか、ハーバード大学にとって好ましくないということではありません」と説明した。はて。タウブマンはまさに価格つり上げで有罪になったばかりなのだ。その彼の名が、ハーバード大学において「コモングッド（公共善）」のために尽くす人財の育成が期待されている、「公共政策」大学院の壁に彫り込まれているのである。価格つり上げの有罪判決は、この人物を讃えることの是非とは関係ないというのか。

またときには、こうした方略のせいで寄付者がコモングッド（公共善）を毀損し続けているという事実があいまいになり、尊敬できる人物としての風格や社会的な認知を与えてしまうこともある。兄チャールズとともに総合資源企業コーク・インダストリーズを経営する、デイビッド・コークを見てみよう。二〇〇八年、ニューヨーク・シティ・バレエ団は、本拠地であるリンカーンセンターの改築に一億ドルの寄付を受けたことにちなみ、これを「デイビッド・H・コーク劇場」と改名した。「名称の変更は、コーク氏の比類なき寛大さへの謝意を表すものです」とバレエ団の広報担当者は語った。私の知る限り、デイビッド・コークは法こそ犯していないものの、その政治活動はどう見てもコモングッド（良識）を貶めてきた。コーク兄弟の右翼的な政治志向を言っているのではない。人によって税や環境に関する意見は異なるであろうから。私が言いたいのはコーク兄弟の政治的支出があまりに莫大で、そのことで投票権の平等が愚弄されていることなのだ。超党派の監視機関「センター・フォー・パブリック・インテグリティ」を創立したチャールズ・ルイスが『ニューヨーカー』誌のジェーン・メイヤーに語ったように「コーク一族の場合は完全にレベルが違う。次元が違うという意味で彼らは際立っているのです。彼らのパターンは法を破り、政治を操作し、錯乱させるというものだ。私はウォーターゲート事件のころからワシントンDCにいるが、こういうのは見たことがない。彼らは現代のスタンダード・オイルなのです」[1]。二〇一七年初頭、コーク兄弟の政治活動の広報担当官は、トランプ政権の最初の二年間に、三億ないし四億ドルを投入して、政治や公共政策に影響を与えていくと述べた。

公的な名誉は、著名人にも与えられる。よく知られた人々に栄誉を贈ることによって、それを与えた組織のイメージアップになるし、組織の今の寄付者やこれからなってくれるかもしれない人々に、寄付の重要性を確信させることにもなる。著名人のほうは寄付の見返りに、名誉学位や、名前が刻字されたプレートや、ときには授与式出席のお礼(まさに「謝礼金(オノレリアム)」と呼ばれている)などを得る。多くの場合、セレブたちは友人や仕事仲間に恩返しをしていく(たとえば受賞した映画プロデューサーが、偶然にも、賞を授与した組織の役員だったりする)。こうした交流はしごく純粋なもので、あからさまな実害は何もない。しかしその過程で「名誉」の質は下がってしまっている。定義的に見れば、セレブはすでに称賛(セレブレイト)されている。すでに称賛されている人が称賛を受けているから名誉を授けるなどというトートロジー(同語反復)の前には、どんな良識論も通用しない。

「名誉」は、それが特に社会的地位を表すような場合には、きちんと検討されるべきだ。私たちは、大統領や副大統領、上下両院の議員や判事の名前、あるいは大統領指名を受け上院で承認を受けるような地位にある人々の名前には、一様に「閣下（the Honorable）」と敬称を添える（軍人を除く）。ひとたび敬称が与えられたら、それは終生使われる。ある推計によれば、アメリカには一〇万人近い「閣下」が存在するという。口うるさいことを言いたくはないが、しかし私には、収賄や横領で有罪判決を受けたことがある議員、いや、ついでに言えば、議会においていわば同僚である議員たちによって問責やけん責処分を受けるような議員もだが、そういう議員がなぜ終生「閣下」と呼ばれ続ける必要があるのかまったく理解できない。在任中に法を犯した閣僚が、その後大統領による恩赦を受けるとしても、「閣下」であり続けるべきなのか。質問をした新聞記者を殴るような議員のことを「閣下」と呼ぶべきなのか。彼らの行為は恥ずべきものだ。自分自身のみならず、国民から託された議員という職をも侮辱したのである。

名誉を与えられるような人ならば、拝金主義や腐敗、権力の乱用などの動きに対し、コモングッド（公共善）をかけて立ち上がる勇気を示すべきであった。たとえば、シェリル・エッカードのような人のことだ。彼女は大手製薬会社グラクソ・スミスクラインの品質保証担当部長だった二〇〇二年に、同社最大の工場で極めて深刻な問題を発見した。すなわち、製造工程が非無菌環

---

（1）訳注　ロックフェラー一族のスタンダード・オイルはアメリカの石油業界をほとんど独占していた。

境になっており、水道系統が微生物に汚染され、薬剤の分量も間違っていたのである。そのことを経営陣に報告したところ、エッカードは解雇されてしまった。そこで、彼女は食品医薬品局にこれらの事実を知らせ、グラクソを訴えた。八年に及んだ裁判で、グラクソ・スミスクラインは、混入薬剤を製造・販売したことを認め七億五〇〇〇万ドルの和解金を政府に納めた。判決はまた、同社が、エッカードの解雇への補償および、彼女に与えた精神的苦痛に対する補償をも命じた。エッカードは振り返ってこう語った。「友人をすべて失った中で経済的にも感情的にも何とかやっていくのはとても大変でした。私にとって友人のすべてが仕事仲間だったからです」「この訴訟をやり抜くのはとても辛いことでしたが、同時に、そうまでする価値があるものであったと、そのことはぜひみなさんにご理解いただきたいのです」。

あるいは、CIAとアメリカ軍による捕虜虐待の疑いについて正確な内部調査を遂行した陸軍少将アントニオ・タグーバのような人もいる。イラクのアブ・グレイブ収容所の陸軍では、軍事担当と政治担当、いずれの上官も内部調査を望まなかった。タグーバは言う。「入隊したその瞬間から、私たちは、忠誠、義務、名誉、尊厳、そして無私の奉仕の精神を叩き込まれます」「それなのに幹部職になったらそうした価値観を忘れてしまう……要するに、アブ・グレイブでは上陸戦のルールが守られていませんでした。ジュネーブ条約に反し、軍人の原理をないがしろにし、軍人としての美徳の核心を侵していたのです」。

アイリーン・フォスターも称賛に値する。彼女は、二〇〇八年、アメリカ経済全体を破たん寸前に陥れた金融危機で最大のサブプライムローンの貸し手であったカントリーワイド・フィナンシャル社で詐欺調査を担当していた。彼女は自分の上司に、カントリーワイド社の幹部の多くが、自らの権益を利用して大規模な詐欺を隠蔽しようとしていると報告した。数カ月後、カントリーワイドを買収したバンク・オブ・アメリカは、フォスターを「プロにふさわしくない行為」によって解雇した。そこで、フォスターは屈辱を晴らすためその後三年に及ぶことになる戦いを開始、自分やほかの従業員が正しい行動をとったがゆえに罰せられたと証明してみせた。二〇一〇年、労働省は、バンク・オブ・アメリカはフォスターを詐欺の事実を暴露したために不当解雇したと断定した。「私は誰からもいじめられたり、脅かされたり、強制されたりしたくなかったのです」「ここで起こっていることや、それがどういうふうに起きたかを、人々が知らないままでいるのは不当だと、ただそう思ったのです」とフォスターはセンター・フォー・パブリック・インテグリティ発行の『アイウォッチ・ニュース』紙にコメントしている。

また、長きにわたって静かに控えめにコモングッド（公共善）のために尽くし、私たちみんなの暮らし向きが良くなるように、あるいはもっと安全に暮らせるようにしてくれた人々にも思いをはせよう。先に述べた外交官のダニエル・フリードは、一九七七年に国務省に入りそこで四〇年勤め上げた。フリードが新聞の見出しを飾ることはほとんどなかったが、常に、海外との堅実な外交と忍耐強い関与が重要であることを寡黙に体現していた。

ジョン・マインダーマンやポール・マガランズのような目立たないヒーローこそ、讃えなくてはならない。二人は一九七二年ウォーターゲート・ビルにある民主党本部侵入事件の第一報を受けたFBI捜査官だ。後年、マインダーマンは捜査を妨害しようとしたニクソンの側近たちについて「意気地なしで、まったくもって利己的だった。彼らは正しいことをする能力に欠けていた」と回顧した。マインダーマンとマガランズにとって正しいこととは、不当な行為を白日の下にさらすことにほかならなかった。マガランズは『ニューヨーク・タイムズ』紙に「リチャード・ニクソンを失脚させたのは、我々FBIです。私たちは、政府は自らを捜査することができるのだということを、世に示したのです」と振り返っていた。

これらの名誉列伝に、人々を救うために危険な場所に自らおもむく人々を加えたい。救急要請を最初に受ける人、すなわち、自然災害対策のボランティア、消防士、警察官、武装部隊の兵士たちだ。ほかにも、貧困地区で働く教員、ソーシャルワーカー、看護師、介護施設やホスピスで働く人々など、厳しい環境にあって困難な仕事をする人々も称賛されるべきだ。彼らはみな本当の意味でアメリカの英雄である。彼らがこの国を動かしているのだ。それにもかかわらず、彼らは多くの場合見過ごされ、ときには侮辱すら受けるのに、その多くは薄給だ。今こそ、こういう人々を讃えるべきなのではないのか。

こうした人々のことを私たちは尊敬と感謝をもって讃えるべきなのだ。彼らが十分暮らせるだけの収入を得られるようにしたり、彼らの仕事がいかに重要かについて人々の関心を高めたりすることでも彼らを讃えることができる。俳優や演出家や脚本家にはアカデミー賞があり、数学や科学にはノーベル賞がある。シェフには料理大賞があり、スポーツ選手にはオリンピックがある。舞台芸術には「ケネディ・センター」という中心地がワシントンDCにある。ならば、コモングッド（良識）を支持し強化することへの大賞があってもいいのではないのか。公益のために内部告発した人を讃える「コモングッド（良識）大賞」、素晴らしい公務員を讃え、教員やソーシャルワーカーとして黙々と謙虚に働き続け、人々の暮らしを劇的に良くした人々を讃える「コモングッド大賞」、権力に対して勇敢に立ち向かい真実を語る非営利団体のリーダーに贈る「コモングッド大賞」があってもいいのではないか。

大学は目立たないアメリカの英雄たちにこそ名誉学位を与えるべきではないのか。アメリカはなぜ、イギリスのように、コモングッド（公共善）のために大いなる貢献を果たした何千もの市民を毎年、表彰しないのだろうか。そうすればコモングッド（公共善）のために尽くすとはどういうことかについて人々はいつも思いをいたすだろうし、私たちが励ましたいと思う、市民としての行動の実例を見せることもできるし、同じ社会に生きる私たちが互いにどんな義務を負っているかという意識を高めることができるだろう。また、このように人々がみんなで称賛を付与することで、今のやり方、つまり、リッチな人だからとリッチな慈善事業家にやみくもに名誉を与えたり、著名な人だからと著名人を無意識に表彰するというようなやり方を、修正することにもなろう。

適切に扱えば、恥もまた人々をコモングッド（公共善）へ向かわせる強力なきっかけとなり得る。恥は、人々が公言する理想と、人々が容認できる現実とのギャップを照らし出し、行動へと駆り立てる。マーティン・ルーサー・キング牧師は、南部以外の土地に住む白人が、身近なところで起こっている人種差別を看過しながら、南部の隔離政策を非難することを批判して、この国が抱える「恥」を国民に知らしめた。有名なワシントン大行進での演説の二カ月前の一九六三年六月、北部の大都市デトロイトに集結した二万五〇〇〇人の群衆に向かって、キング牧師はこう語りかけた。

私たちはついに、人種偏見は国家の問題なのだと認識するところまできました。兄弟愛においてやましいところのないコミュニティはこの国のどこにもありません。南部の隔離政策のような法律上の差別が北部には存在しないために事情が異なるものの、北部にも巧みに隠された差別の形があり、それらは三つの領域に見受けられます。雇用における差別、住居における差別、そして公立学校における事実上の人種隔離です。北部における事実上の人種隔離状況は、南部の本物の隔離政策と同様、有害でしかないと認識しなくてはなりません。ですからもしアラバマやミシシッピや南部全域で私たちを手伝いたいと思っているのなら、まず北部のこの地で人種差別問題をなくすべく、あなたができることをすべてやるべきなのです。

南部の人種隔離政策という恥を国全体に拡大させることで、キング牧師は問題の重要度を上げたのである。私たち国民のすべてが人種差別問題に関わっているのだ、と。隔離政策は南部と同じく北部の恥である。そしてその恥は今も続いている。

似たような例に、一九五四年、当時の陸軍の首席法律顧問であったジョセフ・ウェルチが、テレビ中継中にジョセフ・マッカーシー上院議員に毅然と立ち向かった件がある。赤狩りで有名なマッカーシーは、陸軍に共産主義者がいると非難した聴聞会で、ウェルチの若き補佐官であるフレッド・フィッシャーのことを、かつて全米法曹家組合に所属していたといって糾弾した。マッカーシーは全米法曹家組合を共産主義者の隠れ蓑と見ていたのである。これに対しウェルチは「上院議員、私は今この瞬間まで、あなたがこれほど残忍かつ無謀な人だとは思ってもみませんでした」。マッカーシーがさらにフィッシャーへの攻撃を始めると、ウェルチはそれを遮って「議員、この話はもう終わりにできませんかね。彼がかつて法曹家組合にいたことはわかったんです……この若者をこれ以上傷つけるのはやめませんか。議員も十分おやりになったじゃないですか、あなたには品位というものがないんですか。ここまでやって礼儀すら残っていないのですか」と述べた。マッカーシーはフィッシャーについてなお別のことを述べ立てようとしたが、ウェルチは再び遮って言った。「これ以上、あなたとこのことは議論しません。あなたは私から六フィートのところに座って、フレッド・フィッシャーのことを私から聞き出したかった。自分の意のままにそうできると思っていたのでしょうが、もし神が存在するとしたら、こんなことをしてあなたにもあなたが思う大義にも何もいいことはもたらさないでしょう。これ以上あなたと議論はしません……議長、恐縮ですが次の証人を喚問してください」。

この時点で聴聞会場の聴衆は拍手喝采をし、居間のテレビで成り行きを見ていた何百万もの国民は、マッカーシーを陰湿ないじめを繰り返す危険な人物であると理解した。ウェルチは、マッカーシーを恥じ入らせることによって、マッカーシーや彼が率いる赤狩りを容認してきたアメリカの恥部をさらしたのである。これがマッカーシーによる恐怖政治と、共産主義者という敵が国内にいるのではないかというこの国の被害妄想とを終わらせるきっかけとなった。

もっと最近では、二〇一七年八月、バージニア州シャーロッツヴィルで極右集団と反対派が衝突した事件で、ドナルド・トランプが、デモを行っていたネオナチ集団と、これに反対する人々とを同列に扱い双方を非難した例がある。大統領のこのあいまいな表現に反発して、製薬会社メルクのCEOケネス・フレイザーは、企業経営者として初めてトランプ政権の産業顧問を辞任した。フレイザーは、「アメリカの大統領ならば、この国の原理的な価値を讃え尊重すべきなのです。すべて人は平等に創られるというこの国の理想に逆行する、憎悪や頑迷や優生思考に満ちた表現は明確に否定しなくてはなりません。メルクのCEOとして、また自分の良心に照らして、私には不寛容や過激思想に反対し立ち向かう責任があると考えています」と述べた。フレイザーの言葉と行動はほかのCEOたちを勇気づけ、トランプ政権の顧問を辞任する経営者が相次いだ。トランプ自らが「恥を知る」という能力を発揮することはなかったが、CEOたちの行動には極めて象徴的な重要性があった。この国の企業トップたちは白人至上主義を続けるつもりはないことを示し、人種平等という理想のために立ち上がる意志を見せたのだ。

「恥」は私たちが生き延びていけるように遺伝子に組み込まれているのかもしれない。チャールズ・ダーウィンは著書『人及び動物の表情について』の中で、人が恥じ入るときの感情表現は世界中どこも似ており、赤面したり上気したり、視線を下げたり、首を垂れたりすると述べている。集団ひいてはその成員が生き延びるために必要な社会的信頼を維持するための一つの方法として、「恥」が進化したのかもしれない。心理学者マシュー・ファインバーグとダッカー・ケルナー、社会心理学者ロブ・ウィラーらは二〇一二年、「狼狽」（往々にして恥を伴うものである）が、一種の「非言語的謝罪」として社会的に機能している証拠を見出した。「狼狽」ぶりが露呈することによって、周りの人々は、その人物は集団が彼に対して抱いている期待を今も意識しており、集団全体の幸福を彼が今も気にしているのだ、と受け止める。

ところが今のアメリカで私たちは、間違った人々に恥のレッテルを貼っている。コモングッド（良識）を損ねるような行動を抑止するためではなく、自分たちになじまない人に恥や不名誉を与えて、さらにのけ者にしてしまう。ソーシャルメディアにおける「サイバーいじめ」がそれだ。

本当に恥ずべき行為があったにもかかわらず、誰もが誰かを糾弾できるSNSの機能のせいで、不当かつ破壊的な顛末を引き起こすこともある。白人至上主義者がシャーロッツヴィルでデモ行進をしたとき、観衆はその様子を写した何百もの写真をオンラインでシェアした。こうして人目にさらされることによって、白人至上主義者の中には、今後はデモを控えようと考える人もいたかもしれない。ところが、ここではシェアされた写真にそっくりだということで、デモに無関係な人まで非難されてしまった。アーカンソー大学工学部の准教授はデモにいた白人主義者と顔が似ていたために、デモに出たと誤解され、おびただしい数の脅迫メッセージを受け取る羽目になった。「コモングッド（良識）」を復活させるには、「恥」の効用も用心深く、適切に用いられなくてはならない。

糾弾されて当然だという場合にも、その結末は適切なものでなくてはならない。連邦議会の議員が、コモングッド（共益）を汚したＣＥＯを非難することがあるが、往々にして報道カメラを前に「恥を知れ」と言うパフォーマンスをするにすぎない。公聴会は、たばこ会社、石油会社、自動車会社、製薬大手や金融機関などのＣＥＯ、あるいはマーティン・シュクレリやウェルズ・ファーゴ銀行のジョン・スタンフらをも非難すべく開かれるが、議会で叱責することで説明責任が帳消しになったような錯覚を起こしているにすぎない。議会は、シュクレリの召喚後に薬価つり上げを防ぐための対策は取らなかったし、スタンフ召喚後も銀行が顧客に対して詐欺的行為ができないよう法を整備することはしなかった。しかもスタンフは結局告訴されなかったのだ。

　石油大手ＢＰ社がアラスカ州ノーススロープで、世界最大のプルドーベイ油田パイプラインの管理怠慢から全面閉鎖を引き起こした二〇〇六年八月、連邦議会はＢＰ幹部らに対し、議会に出頭して喚問に応じるよう命じた。テキサス州選出の共和党議員で下院エネルギー・商用対策委員会副委員長ジョー・バートンは、彼らを厳しく非難した。「世界有数の石油会社でありながら、プルドーベイ油田の操業を途切れることなく安全なものとするのに不可欠かつシンプルかつ基本的な保守管理すらできないというなら、そもそもパイプラインは操業すべきでないのではないですか」と憤った。「ＢＰの企業文化として、安全や環境問題に無関心と見受けられる点も危惧します。この事故は、自らの環境保護対策を広告で高らかに誇っている同社が引き起こしたのです。まさに恥、恥、恥を知れです」。議員たちは、ＢＰがなぜ十分な検査と保守を行わなかったのかと質問攻めにし、BP幹部も神妙に今後は十分に留意すると応じた。ところが、彼らにそうさせる法律は作られなかった。その四年後、BPはメキシコ湾にあるディープウォーターホライゾン油井の掘削設備から史上最大の二億一〇〇〇万ガロンもの原油を流出させる事故を起こした。

もし私たちが真剣に「コモングッド」を社会に取り戻そうとするなら、議会が「不名誉」な人々を糾弾するだけでなく、彼らに人々が望むレベルの良識的な行動をとらせるよう、法律を作ったり刑事告訴を伴うようにしなければならない。その際の捜査も、会社全体を対象とするのではなく、悪事を働いた個人に対して行うべきである。企業は「恥を知る」ことができない。できるのは人間なのだ。大企業に罰金を科したところで、そこにさほど不名誉は伴わないが、個人が刑務所へ行くような事態には大きな「恥」の感覚が伴う。もっとも今どきは、大企業や大手金融の経営者で不法行為の責任をとる者はほとんどいないが。すでに述べたように、二〇〇八年の金融危機を引き起こした罪で告訴された大手銀行幹部は一人もいなかった。証拠不十分だからではない。ゴールドマン・サックスは、顧客に勧めて売り歩いた金融商品とは反対のほうに賭けて大儲けし、明らかに顧客をだましていた。ところがオバマ政権下の司法省は、同社幹部を立件するのをやめてしまった。非営利・独立報道機関であるプロパブリカのジェシー・アイシンガーの調査によれば、その理由は、幹部個人に対して勝訴することが極めて難しく、また経費的にも検察側に非常に高くつくからだという。

最近の企業は、自社のトップに悪辣なスキームをもっともらしく否定させるのが巧みになってきており（ゴールドマン・サックスの幹部は「直接相談しましょう」という意味の隠語ＬＤＬ（Let's discuss live）を用いて証拠が残らないようにしていた）、検察も、高給で雇われた大企業の敏腕弁護団に圧倒され、巧妙な戦略にやられっぱなしだ。公務を終えたらいずれ有名弁護士事務所のパートナーに転職したいと考えている若い検事たちは、将来を台無しにしたくないため、大手弁護士事務所を顧問に据える大企業のトップに対する追及が甘くなってしまう。企業幹部の個人訴追をためらった証券取引委員会のある弁護士は、アイシンガー記者に、こうした企業トップたちのことを「一つだけ過ちを犯したが、ちゃんとした人々」と見ていたと説明したという。このため、検察としても、議会が企業を公に叱責し罰金を科し（罰金は最終的には株主が負担することになる）今後は善処すると約束させるという、ＰＲ上の勝利を政府に与えるほうが楽なのである。しかし、コモングッド（良識）を貶めた責任は、企業ではなく個人こそが負うべきだ。そこにこそ「恥」の感覚が意味を持つ。ところが「恥を知る」機会そのものも、少なくなってきているのだ。

近年、アメリカでは個人の倫理と公的な倫理が混同されている。個人の倫理は人々の私的な、往々にして性的なことにまつわる事柄、たとえば未婚者同士であるとか、同性愛者同士、不倫、避妊や中絶、同性婚、あるいはトランスジェンダーの人が使うトイレの問題に伴うものである。

公的な倫理とは、人々が権力を得たり公的信任を付託されたときに発生してくるものである。

アメリカ人の中には、中絶を決断した女性に反対したり、同性婚に反対したり、トランスジェンダーの人が、誕生時の性ではないほうのトイレを使うことに反対する人がいる。私はこうした極めて私的なことは政府ではなく当事者が決めるべきだと信じている。もし人々が私的な倫理に基づく選択を表明したとしても、それによって、一国の公的な倫理が大きな危機にさらされることはほとんどあり得ないからだ。しかし、製薬会社の幹部が薬価をできる限りつり上げて消費者をだましたり、銀行の幹部が偽口座を開いて預金者を欺いたり、大統領が記者を中傷したりすれば、白人至上主義者を力づけることになったり、金銭上の利害衝突を無視したりすることになり、彼らはみな、公的な倫理に反する行為を犯していることになる。さらなる富や権力を求める利己的な望みのために、コモングッド（共益）を拒絶しているのだ。それこそ不名誉極まりないではないか。

数年前、ロナルド・レーガン政権で教育長官だったウィリアム・ベネットは、在任中もそのあともこの国の人々の倫理観の欠如にさいなまれ、こう述べた。アメリカ人は「かつてのような自己犠牲を払ったり、人々や物事と深く関わりを持つことをしなくなった」。普通の人々が「個人の成長や自己主張、自己発見」にかつてないほど高い価値を見出しているとし、この国には「制約からの自由を賛美する価値観」が根深く浸透していると非難した。ベネットの矛先は性的に奔放な人々に向けられたものであったが、私は彼の言葉は、むしろアメリカのリーダー層を席捲する「勝つためなら何でもする教義」のほうにより関わりが深いと思う。「倫理的に責任を持つ人間であるとは、一つには、ときには『素朴な本能』に反した行動を辞さないということなのである」とベネットは記す。人間は「生物としての衝動や感傷的な切望に抗ってもがく。抗うことが難しいからこそ、あるいは、我々の奥深くに存在する何かと闘うことになるであろうからこそ、（それが自らの存在の根本に関わるとしても）本能との闘いを放棄してはいけないのである」。

ベネットの論理を私的ではなく公的な倫理に当てはめて換言すれば、富や権力に対して無限の欲望を持つことは、それが人間の本能の一つなのだからと容認されるものではないということだ。すべての人が、特にリーダーシップをとるべき地位にある人や、多くの人々の幸福を付託されている人は、高き規範を持つべきなのである。

私的な倫理を尊重するとは、セクハラを容認したり、富や権力をほしいままにすることでもない。それもまた恥じ入るべき行為である。にもかかわらず、実社会では、そういう人々の権力の乱用を見過ごして、称賛を与えてしまうことが多い。二〇一七年、ロサンゼルス記者クラブは、映画界の大物ハーヴェイ・ワインスタインに対し、真実を白日の下にさらし文化的前進に貢献したとしてトゥルーステラー賞を授与した。同クラブはワインスタインを「尊厳と社会的責任」を備えた模範的な人物であると述べた。だがワインスタインは立派な作品を世に送り出すかたわらで、長きにわたり、五つ星ホテルで数々の女性たちにハラスメントや暴行を続けていた。どうやらそれはハリウッドでは公然の秘密だったようだ（実はワインスタインはかつて私が共同製作した映画の配給を手がけたことがある。しかし、この件が大きく報道される二〇一七年一〇月まで、私は彼のハラスメント遍歴のことは知らなかった）。

ハリウッド映画界はなぜ、公然の秘密があるにもかかわらず、ワインスタインに名誉を与えたのだろうか。一つには、映画界も認める多くのプロジェクトのために、彼が資金を調達してきたからである。それには、ヒラリー・クリントンの大統領選出馬も含まれる。彼はまた、売り出し中の若手女優のみならず、直接間接に彼に依存しているハリウッド業界の作家や記者や広報専門家たちのキャリアを生かしも殺しもすることができた。『ニューヨーク・マガジン』誌のエンターテインメント面「ザ・カット」の記者レベッカ・トレイザーは、「ワインスタインに食べさせてもらっている記者は非常に多く、彼らは、映画プロジェクトの顧問になったり、脚本家として参加したり、彼の雑誌に参加したりしている」と書いている。そうやって記者たちはワインスタインを暴露から守り、警鐘を鳴らしもしなかったのである。ワインスタインよ、恥を知れ。記者たちよ、恥を知れ。

何が正しくて何が間違っているかの概念は、理想的には、人々の倫理観として昔から埋め込まれており、改めてコモングッド（良識）に照らして称賛されたり不名誉だと糾弾したりする必要はないはずだ。しかし何十年にもわたってコモングッド（良識）が衰退した事実を見ると、社会における倫理観は徐々に衰えていったのだろう。社会全体で倫理的感覚をしっかり支えるべきであるし、そうすれば、人々に物事には限度があり、それを受け入れるべきだと知らしめることができる。社会学者ジェイムズ・Q・ウィルソンは「制約があることはコミュニティ維持の一つの方策である」「制約を受け入れるべきだということが、弱く、あいまいに、申し訳なさそうに提示されれば、それはとても弱く響く。しかし果敢に確信を持って主張されればより強く伝わる」と述べている。

制約を設けることとは、法的強制力を意味するわけではない。これまで主張してきたように、聡明な弁護士ならいかなる法の文言をも回避する道を見出すからだ。ドナルド・トランプが、自分は「賢い」から税金を払わずに済んだのだと言うのは、トランプの税理士が税法をうまいこと回避する合法的な手立てを見つけたということだ。社会が必要とする制約を認めるには、国民の倫理的判断が不可欠である。公的な倫理を体現する行為は、ためらわずに称賛すべきなのと同様、それを貶めるような行為に対して、口をつぐんではいけないということだ。

宗教的信念を持つリーダーには、その人ならではの責任と機会がある。どんな宗教であれ、彼らはその信条に基づき、私的な倫理について言葉を尽くし、公的倫理と私的な倫理を切り分けて考えるよう促す。彼らはまた、個人的な富や権力を最大化するために「何が何でも勝つ」ことを否定する公的な倫理を求め、他者に対して負うべき一人ひとりの責任について説く。何が正しく、妥当であるかを導く倫理上の助言は、彼らの宗教的教義の中にも、あるいは、同じ社会に属する一員として必要な今日的相互理解の中にも、見出すことができる。私がこれまで示唆したように、宗教的な教義と、今日的な社会的責務は重複する。民主主義の仕組みを守り抜き、真実を尊重し、相違を認め、等しい権利と機会を確約し、自らの市民生活に熱意をもって関わっていこう、という公的な倫理観があれば、私たちの人生にはより深い意義が出てくる。それらによって、人々の愛着や愛情の感覚はより大きくなり、名誉や不名誉の感覚に影響を及ぼすことができる。何より、それは私たちが道徳にかなった市民になるために不可欠である。

アメリカはいまだに、多くの名誉を与え、たくさんの不名誉を生み出しているが、そうした名誉・不名誉が、倫理観を尊重する社会からあまりにかけ離れてしまっている。人々がもし、自らの人生の倫理的原理を他の人々とともに再構築しようと真剣に考えるならば、私たちは誰の栄誉をどのように讃え、誰の不名誉をどのように非難するかから変えていかねばならない。そして、そのやり方を我々が共通して感じている「コモングッド」と再び結びつけていかねばならない。さらに、アメリカ社会において私たちがなすことを、世界ですべき道しるべとしなくてはならないのである。

Chapter 9
Resurrecting Truth

# 第9章 真実の復活

「コモングッド」を復活できるかどうかは、公の真実を見出し、共有し、維持する責任を、社会の一人ひとりが負えるかどうかにかかっている。私の言う「公の真実」とは、人々の幸福に影響を及ぼす可能性のある、私たちの身の周りで起きていることに関する「事実」に対して、その重要性を明確に示す論理があり、また、事実によって導かれる帰結に対し、理にかなった分析がなされていることを意味する。

この点において専門的な責任を負っている人々がいる。それは科学者、研究者、教授、分析官、ジャーナリストたちだ。人々は、研究所や大学やシンクタンクや政府機関や報道機関にいる彼らが真実を発掘し、公表することを頼みとしている。人々はまた、産業界や政府や非営利団体のリーダーたちにも真実の発掘を委ねている。さらに、自分たちがだまされたときに本当のことを発掘してくれる、ファクトチェッカー（裏付けや真偽を確認する人）や真実の語り部、内部告発者や調査報道者たちを必要としている。

しかし近年では、「富や権力のためなら何でもする」風潮によって、真実が軽んじられ、それを追及する役割や責任にも疑問が投げかけられている。ドナルド・トランプが大統領になる前ですら、コメディアンのスティーブン・コルベアが揶揄したように、政治家の声明は物事を真実らしく見せるための「まことしやかなもの」だったのだ。主要メディアも、有力広告主や政府の意向を恐れてときに報道を偏向させていた。『ニューヨーク・タイムズ』紙の記者ジュディス・ミラーはブッシュ（子）政権と結託し、イラクのサダム・フセイン政権が大量破壊兵器を保持している可能性があると、見え透いた嘘を宣伝した。当時の報道記者たちは、重要な真実よりも、より多くの視聴者や読者をひきつけることを書けというプレッシャーに日々さらされていた。企業の広報担当者たちは（今や、報道記者よりも大勢いるが）、自社が好かれるような記事を書いてもらうために、あるいは、嫌われる記事を書かせないために、どんな手をも画策した。大学や非営利の研究機関も過剰な資金獲得競争にさらされたために、ときとして研究テーマをスポンサーが満足するように作ったり、スポンサーが嫌う調査結果をあえて見過ごすことすらあった。

こうしたことのすべてがトランプ大統領の誕生や、トランプが至るところでつく嘘や、絶え間ない報道記者への批判や、科学者や研究者に対する糾弾に、先鞭をつけてしまった。それがさらに、「フェイクニュース」横行のきっかけを作り、今や民主主義の減退をもくろむ海外勢力からもフェイクニュースが届くほどだ。

こうした「公の嘘」を常態化してはならない。「コモングッド」を維持するには、社会にはびこる欺瞞を常に警戒し、それを見つけたら公然と不名誉を与えなければならない。真実を大衆に知らせ、報復を恐れず虚偽を暴くのは、政治家だけでなく、報道記者、研究者、科学者、学識者たちの責任である。そして、自身が見聞きしたことが事実かどうかをチェックすること、信頼できる情報源を見出すこと、真実を他者と共有すること、さらに、嘘をついた人や事実を曲げた人の責任を追及するのは、私たち市民の責任である。

また、すべてのアメリカ人が真実と嘘とを正しく見極められるよう、見聞したことを批判的に検証できるよう、十分な教育を受けられるようにすることも必要だ。これから述べるように、公教育は個人的な投資ではない。教育は公益なのである。しかしその「公益」も蝕まれつつある。二〇一六年時点で、アメリカ人の四人に一人は、太陽が地球の周りを回っていると思っていたし、三分の一は進化論を信じていなかった。地球温暖化は起こっていないと考える人が三分の一おり、しかも温暖化が起こっていると考える人ですらその多くは、温暖化の責任が多少なりとも人間の活動にあるとは考えていなかった。真実を共有することなくして、民主的な議論は成立し得ない。

私たちが直面する問題について真実を知る唯一の方法は、人々が信頼する情報源から提供される正確な事実と、それらの事案に関する論理的な評価にある。社会学者で上院議員も務めたダニエル・パトリック・モイニハンはかつてこう述べた。誰しも自分ならではの意見を持つ自由があるが、自分だけの事実に基づくものであってはならない。モイニハンがこれに加えて言いたかったのは、誰しも自分なりに解釈する権利はあるが、勝手な理屈は許されないということだろう。人々が嘘を真実として受け止めれば、あるいは屁理屈を論理的だと受け入れれば、人々に共通する課題に取り組むのに必要な「事実」を共有することができなくなる。

真実の源泉への信頼を取り戻すことは、極端な格差の時代には極めて難しい。巨額のマネーが真実を覆し、批判を買収してしまうからだ。富裕層が政治家を買収すれば民主主義は危機にさらされるが、起こった出来事に対する調査や捜査、暴露や人々を動員した行動など、民主主義が頼みとする様々な「仕組み」を富裕層が買収することでも、やはり大きな危機にさらされる。デイビッド・コークは二三〇〇億ドルを寄付して、二つの公共放送局から取締役のポジションを得た。それにより、デイビッドとチャールズというコーク兄弟を批判的に描いたドキュメンタリー『市民コーク』はその放送局では放映されないことが確実となった。このドキュメンタリーは、コーク兄弟など富裕な個人が行う非公開の政治資金を扱っており、全国規模の公共放送局ＰＢＳで放映されることになっていた。ところがコークがＰＢＳの取締役就任を提示されたことが明らかになると同時に、その予算もだしぬけに削減されてしまったのだ。

あるいはグーグルが持つ資金力を考えてみよう。グーグルは人々に知ってほしいことと、知ってほしくないことを整理してまとめてしまう力を持っている。その背景には、グーグルの検索エンジンはアメリカの全検索行為の三分の二、ヨーロッパの九割で使われているという実情がある。このような「プラットフォームの独占」によって、イノベーションが潰されることもあり得る。たとえば、グーグルが自社のサービスであるグーグルマップやグーグルショッピングを擁護しようとするようなケースで、欧州委員会が二〇一七年六月に二四億二〇〇〇万ユーロもの罰金をグーグルに科したのも、それが理由であった。ではなぜグーグルはアメリカでは、ヨーロッパで直面したような独禁法の問題にさらされないのだろう。実はかなりそれに近いところまで行ったことがある。二〇一二年、連邦取引委員会（ＦＴＣ）競争局はグーグルを訴えるべきだとして、こう主張した。グーグルの行為は「イノベーションに対する直接の妨害となってきたし、これからもなるだろう」と。ところが委員たちはこれを追及しないこととし、しかもそうする理由も説明しなかった。私はかつて独占禁止委員を務めたことがあるが、職員が上申してきたことに対し、委員らが理由も説明せず却下するのは極めて異例だ。そういう決断の裏にグーグルの政治力があったに違いない。グーグルはアメリカにおいて最大のロビイストを抱える民主党最大の支援者であり、それによってホワイトハウスや上院を思いのままにしたのである。

グーグルはまた、組織に属さない研究者からの批判を抑え込む経済力も持っている。二〇一七年九月、『ニューヨーク・タイムズ』紙は、中道左派の大手シンクタンクであるニュー・アメリカ財団が、グーグルに見られるような「プラットフォームの独占」を強く批判していたバリー・リン研究員を解雇したと報じた。リンは、欧州委員会のグーグルに対する決定を褒め、アメリカの独禁法当局もこれに続くよう訴える投稿をした。ニュー・アメリカ財団は一九九九年の設立以来、二一〇〇万ドルを超える資金をグーグル（およびその親会社アルファベット社）とエリック・シュミットの家族財団から受け取っていた。エリック・シュミットは、アルファベット社の会長であり、この財団の代表理事を務めたこともある人物だ。『ニューヨーク・タイムズ』紙によれば、シュミットは、リン研究員のこの投稿が気に入らず、不快の念をニュー・アメリカ財団の理事長に伝えたという。そこで理事長はリンが「組織全体を危うくした」として彼とそのスタッフを解雇したのである。しかし真にニュー・アメリカ財団の存続を危うくしたのは、このような研究員を解雇したことであり、それによって自らのミッションをゆがめ、信頼を損ねてしまったことである。

グーグルはまた、世論や政治家を意のままにすべく学術界にも金をつかませる。『ウォール・ストリート・ジャーナル』紙によると、二〇一七年の暮れ、グーグルはひそかに、ハーバード大学やカリフォルニア大学バークレー校などに所属する何百人もの教授たちに資金を提供し、同社が市場独占規制に対抗することを支持する研究論文を書かせており、その額は、書いてほしい内容に応じて五〇〇〇ドルから四〇万ドルであったという。グーグルはそうして得た研究結果を、裁判や、規制当局による聴取や、議会の公聴会などに利用した。同紙が入手したメールによれば、教授の中には論文を発表前にグーグルに見せることを認めた人もおり、グーグルは筆者に対し何らかの「提案」をすることもできたという。だが書かれた論文には、グーグルからアプローチがあったことは明かされておらず、グーグルからの支援を受けていることも必ずしも開示されてはいなかった。

トランプが、真実を語る組織に対して仕掛けた、「耳障りな報告をした人を非難する」戦いは、こうしたことの延長だ。世論調査でトランプの支持率が低いことがわかったとき、彼は、「否定的な調査結果は全部フェイクニュースだ」と主張し、世論調査会社を攻撃した。政府の研究者や科学者が、大統領と相反する意見を裏付ける事実を突き止めたときも、トランプは研究者や科学者のほうを非難したのだった。トランプが大統領選の候補者だったころ、労働統計局が発表した雇用統計が改善し、オバマ政権下での経済回復基調を示していたが、彼はこれが気に食わず、正式に発表された失業率を「でっち上げ」だと決めつけた。もとより党派性のない連邦議会の予算事務局が、医療費負担適正化法（オバマケア）を廃案にすべく共和党が打ち出した案ではかなりの数の国民が健康保険の適用から外れるだろうと試算したときも、トランプ政権の報道官が、予算事務局は正確な数値で試算しておらず信用できないと警告した。司法当局が、トランプ政権の渡航制限政策はもともとイスラム教徒がアメリカに入国するのを阻止するのが目的であったと突き止めたときもトランプはこれに同意せず、突き止めた判事を「判事もどき」呼ばわりし、控訴審の判事たちのことも、この件を「過度に政治的に」見すぎており、「陳述をちゃんと読んで、正しいことをする能力がない」と攻撃した。

トランプとその陣営は、自分たちが望むスタンスに有利な証拠は大いに喧伝し、それにそぐわない政府のデータは抑圧する。そして、政権のスタンスに協力せず、事実を見出した人を追放する。二〇一六年大統領選で、三〇〇万から五〇〇万票が不正にヒラリー・クリントンに投じられたとするトランプの主張を裏付ける証拠がないとなると、その証拠を見出すための委員会を創設した。また、環境保護庁（ＥＰＡ）の外部諮問委員会で、同庁所属の科学者の仕事ぶりを審査する科学顧問会議の委員たちが、地球温暖化は事実であると認定したとき、ＥＰＡは委員たちの継続任用をやめてしまった。ＥＰＡの報道官は、彼らの後任には、「規制産業に与える規制のインパクトをより理解している」産業界の「専門家」を充てる予定であると述べた。さらに二〇一七年九月、財務省は二〇一二年の経済分析をウェブサイトから削除した。その分析は、法人税による最終的な恩恵が労働者にはほとんど向かわず、多くが株主にもたらされることを示しており、それはスティーブン・ムニューシン財務長官が提唱していた「法人税減税は労働者のためになる」という説明を覆すものであった。財務省の広報官は、「あの報告書は前政権のスタッフによる古い分析で、現政権の考えや分析を表すものではありません」と説明した。その数週間後、ハリケーン・マリアがプエルトリコを襲ったとき、トランプ大統領が連邦政府による同島の復興活動を「素晴らしい仕事ぶりだった」とツイッター（現・X）で絶賛したことに応じて、連邦緊急事態管理局は公式サイトから、島のプエルトリコ人の半数がいまだに飲み水を得ることができず、電気を使えるのは五パーセントにすぎないとの説明を削除した。

権力の座にある者にとって気に食わない真実が抑圧されたり、権力者が好む嘘が事実として報じられたりすると、人々は民主主義社会の有能な市民ではいられなくなってしまう。現政権の報道官が、前政権の分析に過ちを見つけたなら、その過ちが何であったのかを国民に説明する責任がその報道官にはあるはずだ。一度は国民に供したデータを削除するなら、なぜ削除するのかを、官庁は国民に説明しなくてはならない。政治リーダーが、正しいことを公表したまっとうな組織を貶めたり、国民に対して真実を隠蔽したりしたとなれば、その行為は国家に対する知的反逆である。政治リーダー自らが民主主義を貶めているのだ。こうしたことへの加担者は誰なのか明らかにし、恥を知らしめねばならない。

真実を公表するという規範は、民間企業、非営利団体、大学にも適用されるべきである。スポンサーの意に染まない研究を抑え込むようなシンクタンクは、税制控除を受けるべきでない。研究結果に対して金銭的な利害関係を持つ企業や団体からカネをもらっている研究者は、その資金によって書かれた論文や、その後の証言において、資金提供元を公開すべきである。

報道の自由と編集権の独立を擁護することも、真実を「コモングッド」として維持していくためには不可欠だ。駐フランス大使としてパリ滞在中だったトマス・ジェファーソン（後の第三代アメリカ大統領）が、エドワード・キャリントン（バージニア州で初代連邦保安官を務めた弁護士・農園主）に宛てて書いた手紙には（ジェファーソンは、一七八六年から八八年にかけて、キャリントンを、連邦議会の前身である「大陸会議」に派遣していた）、反応がはやい政府を作る一番の方法は、国民に「彼らに関わるすべての情報を新聞を通して伝えること、また新聞があまねく大衆に行き渡るよううまく工夫することである。（中略）もしも私に、『新聞のない政府』と、『政府のない新聞』のいずれしか選択の余地がないと言われたら、私は一瞬もためらわず後者を選ぶ。しかしその場合でも、誰しもが新聞を手にすることができるようにするとともに、すべての人がそれらを読み説く能力を持たなければならない」と記している。

あれから二三〇年が経ってもなお、報道の自由と編集権の独立は苦戦を強いられており、もはや一部の国民は大手メディアを信用しなくなっている。メディアへの不信感はトランプ以前から始まっていた。二〇一六年大統領選を目前に控えたころ、ピュー・リサーチ・センターが行った調査によれば、全国規模の報道機関を信頼できると回答したのは一八パーセントにすぎなかった。同じ時期のギャラップ社の調査では、三分の二近いアメリカ人が主要メディアにはフェイクニュースがあふれていると考えていた。五〇年前とは大違いである。一九七二年、ベトナム戦争とニクソンのウォーターゲート事件に関わる真実が報道された直後には、七二パーセントが報道機関を信頼し、信用できると回答していたのだ。

この急速な信頼の低下は、報道機関が、利益の最大化のためなら何でもするという意欲を増大させたことも一因だ。大手メディア企業のほとんどは、コモングッドによってではなく、株主へのリターンによって動いている。高い利益や株価を生み出すために、メディアは市民に仕えるのではなく、顧客におもねらなければならない。これにより、深刻なニュースを世に送り出す調査官であり分析官でもあった報道記者たちが、注目度を競い合う「コンテンツ・プロバイダー」へと変貌してしまったのだ。放送メディアも視聴率に取りつかれている。ハーバード大学の調査によれば、二〇〇八年の大統領選で、大手テレビ局は候補者の政見を、のべ二二〇分間報じたが、四年後には一一四分となり、二〇一六年の大統領選ではたった三二分であった。ヒラリー・クリントンの政策や提言はほとんど注目されないのに、彼女のメール問題は一〇〇分も放映されたのだ。その間、ドナルド・トランプの滑稽な立ち居振る舞いが、放送電波を席捲した。トランプがしきりに、ヒラリーのみならず、オバマ大統領やメキシコ系アメリカ人や、イスラム教徒や新しい移民たち、あるいは外国（特に中国）や報道機関などを、けなし、軽んじ、批判し、中傷するたびに、読者や視聴者は彼に磁石のようにひきつけられる。保守系メディアのFOXニュースばかりではない。トランプの罵倒ぶりにショックを受けようが興奮しようが、人々はそれを楽しんだのである。

本物のテレビ番組やニューヨークのタブロイド紙で鍛えられたトランプは、どうすれば視聴率を上げることができるかをよくわかっていた。トランプから攻撃されているにもかかわらず、大手報道機関の幹部らはそのことを喜んだ。二〇一六年大統領選が佳境に入ると、四大ネットワークの一つであるCBSのCEOレスリー・ムーンヴェスは、トランプ現象は「アメリカにとっては良くないことかもしれないが、困ったことにCBSにとってはとてもありがたいんです」「今人々が面白がっている、このスリル満点の人物が出馬するなんて、誰が予想していましたか。こんなのは見たことがありませんよ、そして今年は我が社にとってものすごく良い年になる。申し訳ないが。とんでもないことを言ってるのはわかってますよ。でもね、かかって来い、ドナルド。そのまま続けてくれ」と語っていた。トランプはアメリカ史上どんな大統領候補者よりも頻繁に報道された。そして大統領となってからも、同じ理由で報道を支配し続けている。

ムーンヴェスは、トランプを容認するというのは「とんでもないことを言っている」ことだと自覚していた。なぜなら、コモングッドに基づけば別の対応をしなければならないとわかっていたからである――おそらく、トランプ報道を減らすという対応に。テレビ放送の憲章を成す一九三四年の通信法では、コモングッドに関する責任をこう規定している。放送免許を持つ事業者は、「公益と利便性、必要性に報いなければならない」。私は、許認可権を持つ政府が、トランプやほかの候補者をどのくらい取り上げるかといったCBSの編集権に介入してほしいとは思わないが、放送法は、CBSにもほかの放送局に対しても、視聴率を超えて「公益」に対する責任を持てと警告しているのだ。少なくとも、全国放送網を持つ報道部門は、株主の利益を代表する経営トップからは独立しているべきだ。一九八〇年以前、つまり私が説明した企業の変容が起こる前は、アメリカ三大ネットワークの報道部門はそうであった。自らが上げる収益ではなく、情報の受け手である国民が何を知る必要があるかに基づいて決断をしていたのだ。元CBS記者のマーヴィン・カルブによれば、一九六〇年代に同社のオーナーで会長でもあったウィリアム・ペイリーは報道記者たちに対し、「カネなら(コメディアンの)ジャック・ベニーが稼ぐさ」と言ったものだったという。ところが、今や、オーナーも主要株主も報道部門に「稼いで来い」と命じるのである。

このような風潮のせいで、トランプは大統領に就任した後もニュース・サイクルを支配し、報道記者を攻撃し続けた。「地球上で最もいい加減な人たち」「下等な生き物」「クズども」「病み人」

「フェイクニュースの流布者」「国民の敵」などと呼び、記者たちの目的は自分を大統領の座から引きずり下ろすことなのだとさえほのめかした（「記者には彼らなりの意図があるのです。それはあなた方の意図とは違うし、わが国の意図とも異なるものです」）。トランプの熱弁は彼の支持者の受けがよく、記者たちが見出したことがトランプにダメージを与えうるとなれば何であれ信用しない風潮を生んだ。しかしそれによって民主主義は弱体化したのである。もし国民のかなりの数が報道機関よりもトランプの言葉を信じるようになったら、トランプはやりたいようにやって逃げ切るだろう。そうなれば民主主義は終わる。

報道機関の劣化は、ときに暴力を導く。モンタナ州の下院補欠選挙の前夜、共和党候補グレッグ・ジアンフォルテは、イギリスの『ガーディアン』紙のベン・ジェイコブス記者を投げ飛ばした。きっかけは、共和党が掲げるオバマケアの代替策では二三〇〇万人が無保険になるという見解を議会予算事務局が公表したことについて、ジェイコブス記者がジアンフォルテに質問したことだった。現場に居合わせたFOXニュースの取材チームの一員によれば、「ジアンフォルテはジェイコブスの襟元を両手で掴み、自分の後方の床へ叩き伏せ……次に殴り始めた。ジアンフォルテは、ジェイコブスに馬乗りになると、『ムカつく、もうたくさんだ！』というようなことを叫び出した。ジェイコブスはなんとか膝立ちし、眼鏡が壊されたというようなことを言った。はっきりしているのは、この間、ジェイコブスはジアンフォルテに対して何ら物理的抵抗はしなかったという点である。ジアンフォルテは地元保安官に報告したあと会場を後にした」という。

ジアンフォルテがジェイコブス記者を攻撃したことはそれだけで十分に恥ずべきだが、さらに恥ずべきは、ジアンフォルテがプレスリリースを出してジェイコブスを非難したことである。「リベラルな記者が、選挙活動ボランティアのためのバーベキュー会場で、こうした攻撃的な行為を起こしたことはとても残念なことです」。しかし、FOXニュース取材班やジアンフォルテにかかっている容疑が示している通り、これは明らかな嘘だ。トランプ政権下では、明らかな嘘が常態化し、「リベラルな記者」は「敵」とみなされてしまった。その後ジアンフォルテは当選し、議席を得た。彼の行為には何の名誉もないのに、今や「名誉ある」議員閣下となったのである。ペンシルバニア大学アネンバーグ公共政策センター所長のキャサリーン・ホール・ジャミーソンは、トランプは「都合の悪い質問をする記者に暴行を加えるような言論風土を助長させた」と指摘する。読者がトランプの政策に賛成であろうと反対であろうと、このようなことに対してはみなで立ち上がらなくてはならない。それは専制への始まりなのだから。

トランプやそのほかの政治家が、いかに見下したコメントや脅しを仕掛けて来ようとも、報道機関は国民からの信頼を取り戻さなければならない。新聞も放送局も、自分たちの報道は的確であり、理性的になされていると、国民に示さなければならない。ファクトチェックや訂正のプロセスを明確に定めた倫理規定を作り、訂正があったときにはそれが人々にはっきりとわかるような方策を立てるべきだ。記事においては、事実や分析と、持論や主張とをきっちりと分けること、また報道内容と利害関係を持つ組織がスポンサーをしているニュースや取材においては、そのことを読者や視聴者にきちんと知らせるべきである。自分たちの報道に対する不満を調査するオンブズマン制度を備え、社外のパブリックエディターを任命して、有償の社内評論家として紙面批評をしてもらうことも必要だ。これらの方策は国民の信頼を取り戻すためだけではなく、民主主義において本来あるべき立ち位置に報道機関を戻し、コモングッドとしての「真実」を擁護していくためにも不可欠なことである。

ある時期、私はソーシャルメディアは報道を民主化するだろうと考えていた。つまりより多くの人々が真実を語り、深みのある記事や見解に触れる機会が増え、メディア企業の報道の代わりとして有益なものとなるだろうと思っていたのである。だがそれは間違っていた。反対に、この人工的で閉じられた繭玉空間（フィルター・バブル）の中に人々を覆い隠してしまったのである。私たちは、自分のお気に入りの事実や分析や意見をもたらしてくれるSNSのアルゴリズムに、いとも簡単に取り込まれてしまった。人々はもはや共通する現実の中を生きてはおらず、すでに合意が成立している人たちだけが共有する現実の中にしかいない（しかも、同じような価値観を持つ人たちが住む場所を選ぶことで、地理的にもクラスター化している。二〇一六年大統領選では、一〇郡（カウンティ）中八郡において、ドナルド・トランプもしくはヒラリー・クリントンへの投票が極端に多かった）。

私たち自身が作り出したフィルター・バブルを終わらせることが、私たちの責務であると私は考える。私たちが持っている偏見や先入観を単に助長するだけのニュースや情報ではない、新たな報道を求めていかなくてはならないし、自分の見解を、異なる見解や意見を持つ人々に話して試してみることも必要だ。私自身、自分の信じるバブルの中にいることを大いに自覚しているが、しかしそれを壊して出ようと努力もしている。『ニューヨーク・タイムズ』紙の社説や論評だけではなく、『ウォール・ストリート・ジャーナル』紙の社説も読むようにしているし、「リベラルといわれる」『アメリカン・プロスペクツ』誌のみならず、「保守的な」『ナショナル・レビュー』誌をも読み、『ネイション』誌とともに「ネオコンの」『ウィークリー・スタンダード』誌も読むようにしている。そうやって保守派や共和党員の見解と、持論とを比較検討することを意識的に心掛けている。共和党が強い州の大学から講演依頼があれば常に受けるようにしているが、まだ行けていないところも多い。しかし真剣に思うことは（そして学生にも言っているが）、何事を学ぶにも最良の方法とは、自分とは反対の意見を持つ人との会話である。

誰でも何でもインターネットに投稿でき、自分をフォローする投稿が得られるという簡便さは、

「真実」を危険にさらす。リアルタイムで写真や動画を撮るにはスマホさえあればよく、そうやって偽のバーチャルなニュース編集室を創り出すこともできる。もう少し手間を掛けて、アルゴリズムが拾ってくれそうな見出しをつけたり、検索に引っかかりやすい「キーワード爆弾」を埋め込んで、嘘の情報を何百万もの人々に拡散させることもできる。何百万ものボットを使えば、フェイクニュースをフェイスブックにトレンド入りさせたり、グーグル検索の上位に持ってくることが可能だ。金銭的に余裕があるなら、データマイニングを請け負う企業に発注して、同じような懸念や偏見を感じている何千万もの人々を見つけ出し、その人たちの個人情報を収集して一カ所にまとめることだってできる。そうすれば、その人たちの感情に訴えるおあつらえ向きの記事や広告を作ることができるのだ。こういう新しいデジタル世界では、「真実」は、いかなる人のどんなニーズにも合わせて改変することが可能だ。ネットニュースを配信するバズフィード社によると二〇一六年大統領選の最後の三カ月においては、フェイスブックでよく読まれた選挙関連のフェイクニュースのほうが、大手メディアである『ニューヨーク・タイムズ』紙、『ワシントン・ポスト』紙、『ハフポスト』紙、NBCニュースよりも、反響や反応が大きかったというのである。

この問題のジレンマは、こうした動きをどう取り締まるか、またその取り締まりを誰に委ねるかである。フェイスブック（現・メタ）やグーグル、あるいは大手サーバー会社のクラウドフレア社に任せるべきだろうか。あるいは、その役目は政府に委ねるべきか。自由社会において、フェイクニュースと本物のニュースとの境界線はくっきり引けるのだろうか、その区別をつけるべきは誰なのだろうか。私自身、こうした問いへの明快な答えを持ち合わせていないが、しかしここにも、国民一人ひとりが果たすべき重大な役割がある。真実を見出す力量をつけるべく、そして、俯瞰的に批判眼をもってニュースに接するべく、自らをあるいは他者を教育する責任である。嘘を見抜く術を身につけて、安易なシェアを控え、周りの人に注意喚起すべきだ。新聞雑誌や放送局のみならず、フェイスブック、グーグル、ツイッター社のような巨大ＩＴ企業も含め、ニュースを扱う組織の長に対しては、「良識の管財人」としての役割を自覚し、真実を擁護するために適切な手立てをとるよう、要求しなくてはならない。すでに述べたように、私たちは、内部告発者や調査報道記者や、人々が知りたいことよりも知らされるべきことを語れる公務員などの「真実の語り部」たちをこそ讃えるべきなのだ。そして、財力や権力や地位を使って大衆をミスリードするような嘘つきや「真実を踏みにじる人」には恥を知らしめねばならない。

また、個人の嗜好に合ったニュースや広告を大量に送り付けるために、データマイニング・ボット（自動プログラム）で、インターネット上にある人々のプライベートな情報や関心事が詮索されることがないようにしなければならない。そのためには、個人情報を非公開にすることだ。人々がインターネットで見たり買ったりするもののすべて、読んだりするもののすべて、旅行の行き先などが、当事者以外の誰かに公開されてよいわけがない。これらの情報はコモングッド（共益）ではなく、それどころか、私的なものだ。ところが、これらの情報を私的なものとするためには、フェイスブック（現：メタ）やグーグル、データマイニングを行う企業など、個人情報を集約しうる組織が、そうした情報を活用することを禁ずる法律が必要だ。私たち市民には、その法律の制定を進める義務があるのである。

Chapter 10

Civic Education for All

# 第10章　みんなのための市民教育

最後にとても重要なこととして挙げられるのは、コモングッドを回復するには、市民教育への新たな取組みが必要だということである。現在行われている人々全体への市民教育を引き続き行うだけでなく、市民教育を児童や若者が受ける正規教育の一環とするなどの新しいやり方が求められよう。子どもたちには、自己実現のため、あるいは実入りの良い仕事を求める個人としてではなく、核となる共有の価値観を守る責任を携えた市民として、自身の存在を認識してもらわねばならない。彼らにはこの社会の主要な仕組みを尊重するだけでなく、それを適切に改善することも学んでもらわなければならない。この社会や世界にとって何が最善かということについて、他者とともに慎重に考えることができ、同時に、反対するときも礼儀正しく敬意をもって反対する術を身につけてもらわなくてはならない。

ジョン・F・ケネディ大統領が就任式で「〔国があなたのために何ができるかを問うのではなく〕あなたが祖国のために何ができるのかを問うてほしい」と述べたとき、私は高校生で、ニューヨーク州北部の小さな高校に通っていた。そこでの必修カリキュラムに「市民教育」と呼ばれる科目群があり、歴史や政府といった科目が並んでいた。多くの高校がそうであるように、これらの科目のいくつかはとてもうまく教えられていたが、他方でとんでもない教え方の科目もあった。覚えているのは、ある女性教師が、ソビエト連邦、中国、東欧のほとんどの国々を赤く、そしてその近隣諸国をピンクに色分けした世界地図を授業でよく使っていたことだ。彼女が行う市民教育は、共産主義は感染症のように広がっていくというもので、気をつけないと残りの自由主義世界も感染してしまうというのである。一九五〇年代の市民教育は、当時の偏見を色濃く反映していたのだ。それでも少なくともこの市民教育を通して、私たちは社会や世界にとっての幸福とは何かということを、来る日も来る日も思考する訓練ができていたのである。歴史や政府の仕組みを検証し続けることで蓄積される効果もあった。それは、政治思想とは関係なしに、私たちは自らを、社会が残した大切な遺産を引き継ぐ者たちなのだと自覚するようになったことである。完ぺきとはお世辞にも言えない遺産だが、しかし極めて重要なものだ。私たちには、「責任ある市民」になるという義務が課せられていたのである。

市民教育はその後長らく標準的な高校教育のカリキュラムからは外された。その分、国語や数学に重きがおかれ、テストの嵐となったのである。同時に、大学など高等教育はますます職業訓練的になっていった。経済学やビジネス、コンピュータ工学に学生が殺到するようになったのだ。ありていに言えば、「教育」は「公益」ではなく、「私的投資」とみなされるようになったということだ。

それも無理からぬことではある。これまで述べてきたように、一〇〇年以上かけて所得と富の不平等が拡大したために、親も子も、「きちんとした」教育を受けていれば、かつてないほど裕福になることができ、負け組に入ってしまえばみすぼらしく生きるしかないという、なかなかに厳しい現実に直面している。よく言われる通り、「どれだけ学ぶかは、どれだけ稼げるようになるか」というのを地で行くようになった。推計によれば、高校中退者の生涯収入は高卒者のそれの半分にすぎず、大卒者の平均的な生涯収入は高卒者の二倍と見込まれている。しかも、教育が単に個人的な利益をもたらす私的投資だとすれば、「投資家」ではない誰かが学費を払う道理はなく、他人の子どもの教育費、まして、貧困家庭の子どもや、特別な指導時間や手助けを必要とする子どもの教育費を払うことを渋る親が増えるのも不思議はない。地方議会も同じことを考えているようで、公立大学の予算は削減され続けている。その言い分はこうだ。大卒の学位が個人に利益をもたらす私的な投資だとすれば、その費用をなぜ納税者が負担する必要があるのか。むしろ、学生やその親がローンを組んで負担するべきではないのか。まさに、家を買ったり起業したりといった価値ある投資のために、人々がお金を借りるように。

しかし、教育は単なる私的な投資ではない。同時に「公益」でもある。合衆国建国の父たちはアメリカの民主主義は教育次第であることを理解していた。歴史家アラン・テイラーによれば、彼らは皇帝や王たちが学のない民衆をいかにたやすくミスリードするか、よくわかっていたという。アメリカという新しい共和国の存続には、権力を一定の制約下に押しとどめる民衆の賢明さが不可欠だったのである。私的利害とコモングッド（共益）との間に生じる緊張を解くことができる市民、当時の表現を使えば、「市民としての美徳を身につけた人々」を必要としていた。

一七八七年の憲法制定会議の閉会後に、ある女性がベンジャミン・フランクリンに「代表団のみなさんは人々のためにどんな政府を創ったのですか」と質問したという。「共和国です。もしみなさんが維持できるなら、ですがね」とフランクリンは答えた。「維持する」には何が必要なのだろうか。何をおいても「教育」だ。トマス・ジェファーソンは、「無知が専制を生み、専制が無知を生むのです」と警告した。しかし、もしこの国が「人々全体を啓発することができれば……独裁や心身の弾圧は消滅するでしょう。悪霊が夜明けには退散するように」とも言っている。

イギリスの植民地だった時代には、公立の中等学校のある町は非常に少なく、あっても子どもの労働力を必要としない冬の農閑期に数週間のみであった。あるいは私立校に教育を委ねる町もあった。しかし独立革命後、改革者たちは無料の公教育を推進した。ジェデダイア・ペックは、ニューヨーク州北部での改革派運動の象徴的存在だったが、彼はこのように警鐘を鳴らした。「教育がほんの一部の人々の手中にある国家はいずこも、専制的な政府が悲惨な奴隷制を強いている」と。ペックは、包括的な公教育制度を創設するよう、ニューヨーク州議会を説得したのである。

この国の公教育の礎を築いた人として最も有名なのは、マサチューセッツ州の教育家ホーレス・マンだが、彼もまた、公教育と民主主義を結びつけて考えていた。「民衆の知恵を欠いた共和制政府なんて、いわば、家主や管理人のいない狂気の館がそのまま大規模になったようなものだ」と記している。マンは、公立学校ですべての子どもたちが「共同で」教育を受けることが重要であると考えていた。民族、人種、社会階級の違う子どもたちが同じ学校に混在することが、市民としての習慣や態度を形成するのに役立つと考えていたのである（彼のこの計画に問題がなかったわけではない。たとえば、カトリックよりもプロテスタントに重きがおかれていたために、カトリック信者たちは彼ら独自の私立学校を創った）。道徳心を教え込む目標は高等教育にも及んだ。一八六九年にハーバード大学の学長となったチャールズ・W・エリオットは、「国家の治安問題を解決する最善の方法は、奉仕、受託、協力といった理想に向かって、個人個人を教育することである」と考えていた。

コモングッドを取り戻そうとするなら、「教育」を再びこうした公的な倫理に根差すものにしなくてはならない。単に実入りのよい仕事に就くための「私的な投資」とみなすのをやめ、教育とは若者を「責任ある市民」となるよう促す「公益」なのだという、建国の父たちが抱いた認識を復活させねばならない。そのためには学校教育でスキルの向上だけではなく、市民としての義務も教えるべきである。手始めに、すべての子どもたちが、政治制度、憲法、権利章典、権力分立、抑制と均衡（チェック・アンド・バランス）、連邦制度に関する正しい知識を学べるようにすべきだ。子どもたちにはさらに、法治の意義と重要性とともに、なぜ何人も他者の上位にあってはいけないのかを理解させ、そのような「この国の遺産」がどのように受け継がれてきたのか、それらがなぜ今も大切なのかを学ばせなくてはならない。こうしたことは、アメリカ人に帰化することを望む人々に求めていることでもある。外国からの移民は、アメリカ政府の仕組みとアメリカの歴史に関する公民テストを受けなくてはならない。私が労働長官だったとき、このテストに合格した人たちが「忠誠の誓い」を行う式典に臨席する機会に恵まれたが、彼らがアメリカ市民として歓迎されることに、誇りと喜びを感じている姿を目の当たりにした。

すべての子どもが、アメリカの制度はどのように機能すべきで、実際にはどの程度機能しているのか、その違いを理解するとともに、なぜ市民はそのギャップを埋める努力をしなければならないのかを理解すべきである。つまり、子どものころから、政治的平等や経済的な機会均等という「公正さ」の意義と重要性と、この二つの目的がどう関係しあっているのかを理解していなくてはならないのである。子どもたちはまた、経済がどう成り立ち、そのルールはどう作られ、ルール作りにおいてどのような集団や権益が強い影響力を持っているのかを知っておく必要がある。自分の知らない思想やアイデアに偏見を持たないようにすることを学び、異なる信条、民族、人種、宗教を持つ人々に対して寛容でいられるよう訓練すべきだ。基本的人権や、アメリカが世界に対して負っている責任も学ばなくてはならない。政治哲学者マーサ・ヌスバウムが言うように「学生はインド国民にも我々と同じ基本的人権があると学ぶだけではなく、同時に、インドにおける飢餓や公害の問題、さらにそれらが世界の飢餓や生態に与える影響をも学ぶべき」なのである。

市民教育は、若者に真実への熱意を教え込むようなものでなくてはならない。若者が批評的思考ができるようなもの、自分が聞いたり読んだりしたことに対して（冷笑するのではなく）懐疑的になって、信頼できる情報源を探して、基本的な理論や分析ができるようになるもの、歴史や現実世界を学び「作り話」か「事実」かを判断する力がつくようなものでなくてはならない。また、「真実」が、いかに民主主義にとって、さらには、コモングッドをともに考えるうえで重要かをしっかり理解させねばならない。

最後に、こうした教育によって、「市民としての善」も醸成されるに違いない。「勝つためなら手段を選ばず」という態度と、コモングッド（共益）のために行動する態度との間にある大きな乖離をはっきりさせなければならない。「自分だけで独り占めできる限りのものを得ようとする態度」と「社会にお返ししようとする態度」との乖離、「人は誰もが自分自身のために存在するという考え方」と「私たちはみなともに生きているという認識」との乖離、「利己的な名声や富や権力を求める姿勢」と「みなでより良い社会を創ろうとする姿勢」との乖離を、しっかりと示し説明するものでなくてはならない。市民としての善を教えることで、ここで述べた後者の態度を選択することがなぜ道徳的に必要であるのかが人々に理解されよう。

市民教育によって、若い人が自分とは異なる意見を持つ人々ともコミュニケーションをとる力を授けなくてはならない。それには、どのように他人の意見を傾聴すべきか、自分の見識や先入観が間違っている可能性についてどのように予断のない心がけでいるべきか、自分とは反対の意見を持つ人々がなぜそのような行動をとるのかということについてどう考えればよいかを教えなくてはいけない。「価値や信念」から「事実や理論」を切り離し、他者とも協働できるように、価値や信念が異なる人々とも事実を追求し、理論を適用して、ともに活動できるように促すべきなのだ。

こうした学習は教室の中でだけでは成立しない。本当の市民教育には経験学習が欠かせない。

若い人には、ホームレスのシェルターや炊き出し所、学習支援やメンター、子どものスポーツチームでコーチをしたり、お年寄りや身体の弱い人を助けるなど、地域社会の中で責任を果たすことで、アレクシ・ド・トクヴィルのいう「心の習慣」をつけてもらわねばならない。若者は、自分が所属する社会階層や人種や宗教、イデオロギーの枠の中から外へ飛び出し、自分とは異なるように見える人々、自分とは異なる信条や外見を持つ人々のところへ行って何か活動してみるべきだ。そうやって彼らはコミュニケーションをとるということを学ぶだろうし、自分とは異なる人々から学ぶ術を学ばなければならないのだ。

公務に二年間従事するよう義務づければ「コモングッド」に直接奉仕することとなり、若い世代が市民としての責任を学ぶのに良い機会になるだろう。これを市民の義務とするのだ。かつてはそれが兵役であった。第二次世界大戦から一九七三年一月のベトナム戦争終結の日まで、この国のほとんどの若い男子は徴兵の可能性に直面していた。確かに、一部の金持ちの子息が危険な場所に行かずに済む方法がありはしたが、しかし少なくとも徴兵制度によって責任の意識は広がり、人命を賭して戦争することに対する人々の感受性も高まった。その後リチャード・ニクソンが、反戦運動の出鼻をくじこうと、徴兵を辞め職業軍人制度を創設、実際それで反戦運動は下火になった。

それ以来、アメリカの軍隊は「志願制」と呼ばれる仕組みになった（一部の若者にとっては、彼らが唯一就業可能な仕事という意味での「志願」にすぎないが）。全人口構成に比して、今日の軍隊には、裕福な家庭の出身者はますます減っている。同世代のほかの集団と比べても、軍隊には南部出身者や、アフリカ系アメリカ人の比率が高い。四〇年にわたり、かつかつの所得でやりくりしてきた労働者世帯出身がほとんどだ。自分が参戦する必要のない戦争の遂行を支持するのはたやすい。二〇〇四年の調査によれば、若者の過半数がアメリカによるイラク侵攻を支持していたが、そのうち自ら出征する意志があるとした回答者はほんの少数であった。

二年間の兵役なり公的サービスに従事する制度があれば、富裕であろうが社会的地位が高かろうが関係なく、すべての若者に、自らが負うべき社会的義務感を抱かせることができるだろう。そして若い世代の間で、人種や社会階級や政治志向が異なる人同士、つながりができていくだろう。しかも、そうすることによってアメリカの外交政策が個人に及ぼす代償や危険について、富裕な人にも自覚させることができる。

公的サービスへの服務は、兵役のみならずいろいろな形態が考えられる。開発途上国へ若者を派遣する「平和部隊」をてこ入れしたり、学校にボランティア教員を派遣する「ティーチ・フォー・アメリカ」を拡充したり、別の職業領域に、たとえば「ソーシャル・ワーク・フォー・アメリカ」といった形で社会福祉に広げるのも一案だ。非営利団体なら多様な公的業務を提供できるだろう。服務する若者には適度な俸給を用意し、少なくとも生活費と学生ローンの利子程度はまかなえるようにする。それでも現在の志願制軍隊の新兵の俸給よりも少なくて済むはずだ。

公務に従事するという話が出ると必ず出てくるのが、「誰であれ、お国に仕えることを強要されるべきでない」という反対論である。二〇〇三年、ジョージ・W・ブッシュ大統領が、「アメリカの若者が国内の貧困問題に一年間取り組む」「アメリコー」の拡大を提言したとき、『ウォール・ストリート・ジャーナル』紙は論説で「有償ボランティアというコンセプト自体、矛盾語法である」とかみついた。下院院内総務だったディック・アーミーは、「政府の指示や監督下で国民が何かを提供するとしても最小限にすべきだ。政府が国民に慈悲を教えるというアイデアは、私にはとても見え透いた話に響く」と語った。

ご冗談でしょう。徴兵制があったころは若者は国に仕えることを強要されていたのである。親は子どもに一六年間の基礎教育を与えることも義務づけられている。なぜ市民としての基礎を学ぶために二年間の公務を義務化することが、まかりならぬというのだろう。しかも公務を担うことは、政府が「慈悲」を教えることとは何ら関係がない。「市民としての善」を教えようという話をしているのだ。大学教育でも三年次後半の学期を公務サービスに充ててもよいだろう。だからといって学修が中断されることはなく、むしろ大学教育が本来備えるべき部分だといえよう。

「市民としての善」を学んだら、それを実行に移さねばならない。本書で私は明確に述べてきたつもりだが、「市民としての義務」とは、単に投票するとか納税するとか、法に従うとか裁判員になるとかといったことではない。私たち市民は、自分たちの時間とエネルギーをかけて地域社会をより良いものとし、民主主義を擁護し強化するという義務を互いに負っている。しかもこういうことを「慈善」と考えるべきではない。自分たちが親世代から委ねられた社会を、より理想に近づけた状態で次の世代に手渡すという約束事なのである。

今日のアメリカ人の過半数が、アメリカが国家としてのアイデンティティを失い始めていると懸念していると私は指摘してきた。歴史を振り返れば、アメリカのアイデンティティの核心にあるのは、肌の白さでも民族的同一性でもないことがわかるはずだ。核心にあるのは、みなが共有している「理想」であり、誰もが持っている「善」である。もしこの国のアイデンディティが失われつつあるというのなら、それは、この国の人々の肌の色や話す言語がより多様になったせいではない。そうではなくて、私たちが「コモングッド」という感覚を失いつつあるからなのである。そしてそれこそが取り戻さなければならないものなのである。

私が本書で強調している「コモングッド」とは、みなが共有する誓約の数々のことである。法治への誓約、法の文言のみならずそこに込められた精神をも尊重する誓約、民主的な政府の仕組みを保持する誓約、真実に対する誓約、相違を受け入れる寛容性、政治に対する平等な権利と機会、市民的生活に参画し人々が共有する理想のためならしかるべき犠牲を払おうという誓約――。

この社会をきちんと機能させたいのなら、こうした「誓約」を人々は共有しなくてはならない。コモングッドは、これらの誓約によって成り立っているのだから、それを果たすことによって、私たちは何が正しく何が間違っているかを判断することができるのだ。そういう誓約なくして、「私たち」は存在し得ない。

「コモングッド」を取り戻せるかどうかは、信頼に基づいた新しいリーダーシップの倫理を確立できるかどうか、適切に名誉を与え恥を知らしめることができるか、「真実」の追求を刷新できるか、私たちやその子どもたちに対して、市民が互いに負う義務についての市民教育を徹底できるか、といったことにもかかっている。

読者の中には、こんなことを探求しても希望はないと感じる人もいるかもしれない。私たちが生きる現代には、欲望や自己陶酔や憎悪があまりにも多く描かれている。だが、それでも私はそこに希望はあると固く信じている。私はほぼ毎日のように、ごく普通のアメリカ人が思いやりや気前の良さを発揮しているのを見聞きしている。そういう行動がニュースの見出しを飾ることはめったにないものの、確かに私たちみんなの日常生活の大部分を占めているのである。問題は、これをこの国の理想の高みに届くような公共の活力に変えることができるかどうかである。民主主義を強め、みんなにとって機能する経済を作り、政府制度への信頼を回復させるような公共心に、である。

この社会における道徳的な力は衰退してしまったが、完全に壊れたわけではない。人々がもっと政治において積極的な役割を果たせば、適切な法治を取り戻せるし、民主的な仕組みを保持することもできるのだ。事実や理論を用いて嘘に対抗すれば「真実」を守ることもできる。いかなる偏狭な考えにもみんなで対抗できるはずだ。お互いが手を差し伸べれば人々の間のきずなを強くすることもできるし、正反対の意見の人とも礼儀正しく向き合うことで「礼節」を取り戻すこともできる。

この国が完ぺきな団結を果たしたことはいまだかつてない。だが、より完ぺきでありたいと人々が努力しているときこそが最高の瞬間なのだ。コモングッドを追求し、そうすることに価値はあると他者にも示すことで、コモングッドを取り戻すことができるはずだ。私がロバート・F・ケネディ議員に仕えた五〇年前は、コモングッドは広く人々に理解されていた。これを取り戻すには、今から半世紀、いやもっとかかるかもしれない。しかし、神学者ラインホールド・ニーバーはかつてこう語っている。「取り組む価値のあることは、一生のうちには成就し得ない。それがゆえに、人々は『希望』によって救われなければならないのである。歴史の流れにおいて、本当のこと、美しいこと、善であることは何一つ、すぐには理解され得ないのだ」。

# 謝辞

本書は、数年にわたって、ここに名前を挙げきれないほど多くの友人・知人たちと私が交わしてきた数多くの会話の賜物である。中でも、ハーレー・シャイケン、サーシャ・ライトマン、アンドリュー・サンタナ、マーク・リラ、アダム・ライシュ、アーリン・ウォーカーに特に感謝の言葉を贈りたい。また、本書を書くよう勧めてくれた、三五年以上にわたる担当編集者で友人でもあるジョナサン・シーガル、執筆を勇気づけてくれた妻のペリアン・プラアーティーの二人には、特に感謝している。

# 訳者あとがき

## コモングッドとシニシズム（冷笑）の狭間に

これまで著者の作品に対して、日本社会や自分の身のまわりに思いを馳せることはあまりなかった。どちらかというとアメリカ社会が直面する政治的分断や経済格差、移民問題などの視点から放たれる著者の鋭い指摘に共感することが多かったのだ。しかし、本書の内容は、現在（二〇二四年七月）の日本社会にも十分通じるものが多く、考えさせられる内容であった。

本書の中盤の第4章に列挙されているアメリカを中心とした過去数十年の違反行為から明らかになったことは「逸脱行為の定義が下方へ落ちる」現象であると、著者は故ダニエル・パトリック・モイニハン元上院議員の言葉を引用し述べている。アメリカ人の共通感覚であったコモングッドに何が起こってしまったのか？　違反行為が許容される水準はどの程度、下方に落ちてしまったのだろうか？

再来年（二〇二六年）、建国して二五〇年を迎える移民社会のアメリカに比べて、数倍の歴史のある島国日本では、人々は共有する理想や価値観、そして果たすべき義務を特別に意識することなく受け入れ、生活様式に取り込み、そして、日本社会は形成されてきたと思う。しかし、本書の指摘するアメリカ人のコモングッドの低下や毀損は、日本人の共有してきた理想や価値観にも当てはまるのではないか。

ある時期のコモングッドの水準では違反行為としてみなされたものが、現在では、その水準を保つことが困難になっている。社会の秩序を保とうとする人々の関心がなくなったり、あるいは、そのように社会秩序を保とうとする行為自体を嘲るというシニシズム（冷笑）が広がったりしたためだ。

情報技術や通信ネットワークの発展により、一個人の世界は格段に広がった。世界のどこにいても電話やメールでいつでも連絡ができるようになり、物品を買え、様々なサービスを受けられるようになった。そこでは、人々の共有する理想や価値観、そしてお互いの義務を意識することなく、生活ができるようになってしまった。生活するうえで、隣人や近所の人々と話すことよりも、何千キロも離れた人々と話すことのほうが大切であることも今や不思議なことではない。このような状況では、人々の間で、意識することなくシニシズム（冷笑）が広がることも当然のことと言える。人々は、コモングッドを保持することよりも、毎朝、仕事を始めようとパソコンに向かうときに、Ｗｉ-Ｆｉにつながっているか、クラウドが落ちていないかを真っ先に気にするであろう。情報技術や通信ネットワークが安全に機能するような法規制やデータ保護には関心を持つものの、人々は、自らの生活にあまり関係のない違反行為に対しては、目を伏せ、耳を塞ぎ、できるだけ関わらないようにと思っている。政治家などの権力を持つ側の違反行為がなくならず、多岐に及んでいるのは、人々はコモングッドを保持するよりも、「お偉いさんがまた悪いことをしている」という諦めに近いシニシズム（冷笑）が普通になってしまったことも影響しているであろう。

それでは、人々を冷笑から朗笑な気分で生活を送れる社会、そしてコモングッドの水準を回復し高めていくような状況にすることはできないのであろうか？　一つの明るい兆しが本書後半の第3部第7章に紹介されている。それは、二〇〇六年にアメリカの非営利法人Bラボが始めた「ベネフィット・コーポレーション」という新しい法人形態の普及活動である。「ベネフィット・コーポレーション」は株主を含めた企業活動に関わるすべてのステークホルダーと企業活動で創出する付加価値を共有することを定款で定めている法人である。日本では、このBラボが「ベネフィット・コーポレーション」と同様の基準で企業活動を認証するBコーポレーションという認証制度の導入を進めており、同認証を取得する企業が徐々に増えてきている。筆者は日本で二番目に同認証を取得した石井造園株式会社をはじめ、数社の同認証の取得をサポートしたが、その当時（二〇一八年）は同認証を取得した日本企業は一〇社にも満たなかった。しかし、二〇二四年七月二五日現在四三社まで増えてきている（出所：Bラボのウェブサイト）。「ベネフィット・コーポレーション」が新しい法人形態としてアメリカで認められ、同法人格を選択する企業の数も増えてきている。そして、日本をはじめ世界でBコーポレーション認証企業が増えていることは、企業の経営者の中にも従来の価値観を変えていこう、変えなければならないと考える人が現れてきている証左であろう。この例以外にも、本書第3部にはコモングッドを取り戻すための処方箋や示唆が記されているので、ぜひ、ご一読いただきたい。

また、最後のディスカッション・ガイドは、本書の主要なポイントを質問形式で案内している。本書で問うている「コモングッド」がより明確になるのではないかと思う。本文とあわせてディスカッション・ガイドにも目を通していただけると嬉しい。

二〇二四年七月

雨宮　寛

経済学者による文明論としてのコモングッド

本書は、七〇代になったロバート・ライシュがアメリカ建国の理念、政治哲学、倫理を論じた一種の「文明論」であり、分断社会を再びつなぐための「市民教育論」でもある。強者必勝となるように仕組まれているアメリカのシステムを、どう是正していったらよいか、十数冊の著作を通してその処方箋を書いてきたライシュが、今回は、そもそもアメリカはなぜこんなことになったのかに焦点を当てた。

要するにライシュは、国の品格を問うているわけなのだが、しかしそういうテーマを扱うのは容易ではない。教条的になったり、お説教調になったり、あるいは本人が口惜し気に述べていたように共産主義や社会主義の本だとレッテルを貼られたりして、真意が届きにくいからだ。それにもかかわらずあえてそれに挑むとは、およそ経済学者らしからぬアプローチだが、「経済社会のシステムを直せるのは『人間だけ』だ」と主張するライシュにとって、人間の理念の問題を避けて通れなかったのだと思うと、非常に彼らしい著作でもある。

本書でライシュは、エドモンド・バークやジョン・ロールズを引いて、人々の自由を阻む権力の専制化を防ぎ、平等を確保するためにこそ、市民的道徳や共益感覚が欠かせないと述べ、一方で、アイン・ランドやロバート・ノージックらの、全体主義の対極にある「個人は何ものからも自由である」とするリバタリアン思想について「極めて危険で誤りであると考える」と踏み込んだ。ウィンスロップ、マディソン、ジェファーソンの言葉、『ザ・フェデラリスト』やトクヴィルの引用から、合衆国に連綿と流れる価値観を解き、さながらアメリカ思想史の入門書のようでもある。

本書はまた、二〇二四年の大統領選挙にも示唆的だ。スーパーチューズデーまで約一〇〇日の本稿執筆時点で、候補者はトランプ対ハリスである。例年よりも早く開催された第一回討論会のあと、トランプ氏が狙撃により怪我を負い、衰えぶりが懸念されたバイデン現大統領が選挙戦から降りカマラ・ハリスにバトンタッチしたところだ。トランプ陣営は、銃撃の直後、星条旗をバックにSPに支えられ、右耳から流血しながら、ガッツポーズを挙げた写真をキャンペーンのアイコンとしたが、これは、現代のドラクロワ、硫黄島の星条旗などと報じられ、MAGAリパブリカン（Make America Great Again、アメリカを再び偉大に、と掲げるトランプに心酔している共和党員）を大いに歓喜させた。一方の民主党も見事なナラティブを展開している。ベテラン政治家バイデン氏の長年の功績を讃え、ハリスにバトンを渡す。カマラ・ハリスは黒人女性として初めてカリフォルニア州司法長官となった公共政策のプロである。平等を重んじ自由で寛容な社会感覚を持つ民主党の象徴のような候補者に交代したことで、選挙資金と支持率両面で一気に求心力が高まった。

しかし専門家によれば、だからといって浮動票がいずれかへとなだれ込むことはなさそうだという。「トランプ信者は、トランプが人殺しでも入れるし、バイデン支持者は、バイデンが車椅子でも息している限りバイデン」（アメリカウォッチャー）と揶揄されるように、この熱狂すらもきっぱりと分離されている。トランプとハリス、いずれかは敗者となるが、はたして新大統領の下で、再び社会がまとまる手立てはあるのだろうか。二〇〇〇年大統領選時に「リカウント（数え直し）」にもつれ込み、共和党のブッシュ（子）候補に敗北した翌朝、民主党のゴア候補が出した声明は、長い闘いに終止符を打ち、党派争いに「ノーサイド」を宣言するものであった。二〇二一年連邦議会乱入事件の記憶もあるだけに、二〇二四年版「敗北宣言」から目が離せない。

本書はまた、ビジネス文明論でもある。ライシュが描く、企業による過剰な搾取の手口には失望せざるを得ないものの、だからこそ近年、それを改善しようとする動きも加速している。二〇一九年、アメリカビジネスラウンドテーブルは、「企業の目的に関する声明」において、行き過ぎた株主至上主義から、マルチステークホルダー主義への転換を表明した。これにより株主価値の最大化の時代にはさほど重視されなかった「ビジネスの目的（パーパス）」が再び問われるようになった。このことは、「私企業益」と「共益」をどう考えるか、あるいは、企業市民としての善や利益をどう社会と共有するかという矜持の問題を突きつけており、企業自身の「コモングッド」そのものだ。たとえば、グローバルに展開する大企業や、巨額の資金を動かす金融機関であれば、サプライチェーン上でのディーセント・ワーク（働き甲斐のある人間らしい労働）を保証したり、富を地球環境と人類へ適切かつ応分に再配分したりすることで、ときに政府以上のインパクトをもたらすことができる。そうするかしないかは、経営のパーパスと経営陣の覚悟次第である。会社がどんな「文明（civilization）」と「礼節（civility）」を持つのか、「コーポレートステイツマンシップ」への期待が世界中で高まっている。

ライシュが描くアメリカの病理を日本に置き換えてみることを毎回試みるのだが、共益や倫理の問題は「代入」がいささか難しい。だが、日本にも「コモングッド」を搾取する「シュクレリ」のような人々が出現し始めてはいる。二〇二四年の東京都知事選におけるポスター掲示スペースの販売は、「そんなことをする人がいるなんて、思いもしなかった」（五二頁）典型例だ。掲示スペースを販売して寄付金を集めるとか、そこにヌード画像や自社広告を掲載するとかいった奇妙な行動は、それまでほとんど誰も想定していなかった。少数の突飛な行動を抑止するために、公職選挙法の改正や新しい条例、そして選挙管理委員の増員などが検討されている。まさにライシュの言うように、社会の暗黙のルールを、共益のための制約と考えず、私益を増やす機会とみなす人が出てきたために、法律や執行を細かく複雑にせざるを得なくなったのだ。そのせいで法治のための社会コストが増大するのみならず、個人の「自由」も確実に制約を受ける。これがコモングッドを失うことの代償だ。

しかし、普通の人が思いもしない「そんなこと」には、イノベーションや悪しき慣習を破るポジティブな行為も含まれ得る。ガラスの天井を破る、父親が育休を取る、などの新しい行動を嫌う同調圧力が「コモングッド」の顔をした強制力となり、変革を後退させる危険性についても気にかけておかねばならないだろう。二〇二〇年以降のコロナ禍で、アメリカは国家非常事態を宣言し、州法や条例で外出禁止を規定し、違反者には罰金を科すなどの措置をとった。ところが、日本では外出の「自粛」はあくまでも政府の「要請（お願い）」であって罰則はなかったにもかかわらず、「マスク警察」のような私的な制裁や世間の「白い目」の威力で、十分すぎるほどの効果が出た。当時はそれで助かったのだし、命の危険を前に「自由」と「共益」とのバランスの議論は棚上げにせざるを得なかったわけだが、落ち着いて考えてみると、日本に蔓延する「人と違うことをする人を認めない」マインドセットが、「コモングッド」として濫用され、人々の自由を毀損することがないかどうか、常に自戒を怠らない努力も求められよう。

さて、「common good」にどの訳語を当てるかという問題は翻訳が完成に近づいた今も、我々訳者の頭を悩ませている。「common」には、「共通の、公共の、誰でも使える、ありふれたもの」などの意味が、そして「good」には、「効用、利益、幸福、善、（美）徳」などの意味合いがある。極めてよく使うこれらの二語が組み合わさっただけなのに、ライシュの含意がどこにあるのか、何度も悩まされることとなった。結局、本書においては、文脈により「共益」「公共善」「良識」の三つに訳し分けることにした。「共益」は、シュクレリに見られるような「何が何でも勝つ経済」に人々を駆り立てる「私益」の反対語としてのコモングッドである。これには金銭的な利益もあれば、公教育へのアクセスのように目に見えない利益も含まれる。「公共善」は、人間の内にある善をいかに人々が共有できるか（すべきか）という政治哲学の文脈で多く登場する。脳腫瘍の病身をおして連邦議会におもむき、極端な党派争いをこれ以上続けて「最も偉大な審議機関」をないがしろにしてはならないと唱えたマケインの事例では、ギリシャ哲学の時代から流れる高次な善への敬意と畏怖が感じられる。三つ目の「良識」は、一般市民が社会の紐帯として共有している良心的価値観をイメージした。私たちが、根拠なく安心して共有する「当たり前の感覚」のことである。本書でライシュが畳みかけるコモングッドの数々を読むと、この訳し分けに違和感を持つ読者もおられよう。私は、それをもライシュが「互いに異なる見解を持つ人々が……礼儀正しく討論するための手がかりを提供」（v頁）してくれたのだと思いたい。読者それぞれの解釈で「common good」を読み解くことが、本書の楽しみ方の一つとなれば幸いである。

最後に、経済学者の手になる「文明論」の翻訳に相当の時間を要したにもかかわらず、解釈の迷いに根気強く付き合い、アドバイスをくれ、最後まで伴走してくれた東洋経済新報社の茅根恭子氏には今回も心からの敬意とお礼の言葉を述べたい。茅根氏と共訳者・雨宮寛氏とのトリオ作業も一六年目に入った。自動翻訳やＡＩが活躍する中にも、人間自身で「読み解く」ことの魅力と重要さは不変であろう。そのような役割を今後も微力ながら果たしていきたい。

二〇二四年七月

今井　章子

# 事項索引

【か　行】

【さ　行】

【た　行】

【ま　行】



【や・ら・わ　行】

## 人名索引

【さ　行】



【た　行】

【な　行】



【は　行】



【ま　行】

### 【ら・わ　行】



## 企業・団体名索引

### 【A ～ Z】

## 【あ 行】



## 【か 行】

【さ　行】



【た　行】



【な　行】



【は　行】

**【ま　行】**



**【ら・わ　行】**



## 雑誌・書籍等索引

## 推薦文献リスト

以下のリストは、私が考える市民教育の基本カリキュラムにおける候補文献である。これらはすべて、アメリカにおける「コモングッド」とは何か、そして、「コモングッド」が人々に求めていることは何かを理解する上で特に役立つと私が考える公文書、書籍、演説、数編の詩、そして1本のドラマである。

［訳注：文献の日本語訳（要約を含む）が刊行されている場合にはその情報を付した。複数回刊行されている場合には書籍版発行年が新しいものを掲載した。また書籍版と電子書籍の両方が刊行されている場合には書籍版のみの情報を掲載、電子書籍のみが出ている場合にはその情報を付した（2024年7月時点）。また｛　｝は文献の概要について訳者が補足したものである。］

The Declaration of Independence［1776］独立宣言
https://americancenterjapan.com/aboutusa/translations/2547/
The Constitution of the United States［1787］アメリカ合衆国憲法
https://americancenterjapan.com/aboutusa/laws/2566/
The Bill of Rights［1791］権利章典
https://americancenterjapan.com/aboutusa/translations/2638/
The Fourteenth Amendment to the Constitution［1868］合衆国憲法修正第14条
｛合衆国市民としての身分を、人種を超えて広範に定義した｝
https://americancenterjapan.com/aboutusa/laws/2569/

〜〜〜〜〜〜〜〜〜〜〜〜〜〜〜〜〜〜〜〜

Maya Angelou［1993］"On the Pulse of Morning"（マヤ・アンジェロウ著「朝の鼓動に」）｛ビル・クリントン大統領の就任式で引用された詩｝
Hannah Arendt［1951］*The Origins of Totalitarianism*（ハンナ・アーレント著、大久保和郎・大島通義・大島かおり訳『新版　全体主義の起原』1〜3、みすず書房、2017年）
Black Hawk, Surrender speech［1832］（ブラック・ホーク「降伏スピーチ」）｛アメリカ先住民のリーダーであるブラック・ホークが白人との戦闘で降伏したときのスピーチ。平等・共存を志とする先住民たちを騙して

土地を奪った白人たちを強く非難している｝
Brown v. Board of Education, U.S. Supreme Court［1954］（「ブラウン対教育委員会裁判」連邦最高裁判決）｛公立学校における人種隔離は本質的に不平等であるとの判断が初めて出された｝
Dee Brown［1970］*Bury My Heart at Wounded Knee*（ディー・ブラウン著、鈴木主税訳『わが魂を聖地に埋めよ』上・下、草思社文庫、2013年）
Edmund Burke［1790］*Reflections on the Revolution in France*（エドマンド・バーク著、佐藤健志編訳『新訳　フランス革命の省察』PHP文庫、2020年）
Edmund Burke［1770］"Thoughts on the Cause of the Present Discontents"（エドマンド・バーク著、中野好之訳「現代の不満の原因」『エドマンド・バーク著作集 現代の不満の原因・崇高と美の観念の起原』みすず書房、1973年所収）
Frank Capra［1946］screenplay for *It's a Wonderful Life*（塚越博史監修『素晴らしき哉、人生！：名作映画完全セリフ音声集 スクリーンプレイ・シリーズ 166』フォーイン、2013年）｛フランク・キャプラ監督、映画『素晴らしき哉、人生！』台本｝
Rachel Carson［1962］*Silent Spring*（レイチェル・カーソン著、青樹簗一訳『沈黙の春』新潮社、2001年）
Censure of Senator Joseph McCarthy［1954］（ジョセフ・マッカーシー上院議員に対する問責決議文書）
Herbert Croly［1909］*The Promise of American Life*（ハーバート・クローリー『アメリカ的生活の約束』）
Dred Scott v. Sandford, U.S. Supreme Court［1857］（「ドレッド・スコット対サンフォード」連邦最高裁判決）｛黒人が自由州に居住したからといって自由人になったわけではなく、また黒人は合衆国市民とは言えず、裁判所に訴訟を起こす資格を持たないとの判断を下した判例で、南北戦争の勃発につながった。のちに合衆国憲法修正第13条と修正第14条によって、覆されることとなった｝
Ralph Ellison［1952］*Invisible Man*（ラルフ・エリスン著、松本昇訳『見えない人間』上・下、白水Uブックス、2020年）
Ralph Waldo Emerson［1841］"Self-Reliance"（ラルフ・ウォルドー・エマソン著、大間知知子訳「自己信頼」『新訳　自信 エマソンの「経験」と「自己信頼」』興陽館、2018年所収）
Gideon v. Wainwright, U.S. Supreme Court［1963］（「ギデオン対ウェンライト」

連邦最高裁判決）{犯罪で起訴された者が自ら弁護人を雇うことができない場合には、すべての州が弁護人を提供しなければならないとし、被疑者の権利を擁護した判例}
Woody Guthrie［1944］“This Land Is Your Land”（ウディー・ガスリー「我が祖国」）{アメリカのフォークソング歌手ガスリーの代表曲。今でもよく歌われ、また吹奏楽等で演奏されている}
Alexander Hamilton, John Jay, James Madison［1787–88］*The Federalist Papers*（A. ハミルトン・J. ジェイ・J. マディソン著、斎藤眞・中野勝郎訳『ザ・フェデラリスト』岩波文庫、1999年）
Václav Havel［1978］“The Power of the Powerless”（ヴァーツラフ・ハヴェル著、阿部賢一訳『力なき者たちの力』人文書院、2019年）
Joseph Heller［1961］*Catch-22*（ジョーゼフ・ヘラー著、飛田茂雄訳『新版 キャッチ＝22』上・下、ハヤカワepi文庫、Kindle版、2016年）
Langston Hughes［1935］“Let America Be America Again”（ラングストン・ヒューズ著、水崎野里子訳「アメリカを　再びアメリカに」『ラングストン・ヒューズ日英詩選集』oikazebooks、Kindle版、2021年所収）
Thomas Jefferson, First Inaugural Address［1801］（トマス・ジェファソン「第1回大統領就任演説」アメリカンセンタージャパン公式HP https://americancenterjapan.com/aboutusa/translations/2394/）
John F. Kennedy, Inaugural Address［1961］（ジョン・F・ケネディ「大統領就任演説」アメリカンセンタージャパン公式HP https://americancenterjapan.com/aboutusa/translations/2372/#jplist）
Martin Luther King, Jr., “I Have a Dream” speech［1963］（マーティン・ルーサー・キング・ジュニアの演説「私には夢がある」アメリカンセンタージャパン公式HP https://americancenterjapan.com/aboutusa/translations/2368/#jplist）
Martin Luther King, Jr., Speech at the Great March on Detroit［1963］（マーティン・ルーサー・キング・ジュニアの演説「大行進でのデトロイト演説」）
Emma Lazarus［1883］“The New Colossus”（エマ・ラザラス「新しい巨像」）{自由の女神台座に刻まれている詩}
Abraham Lincoln, Springfield Lyceum speech［1838］（エイブラハム・リンカーン著、高木八尺・斎藤光訳「スプリングフィールドにおける演説」『リンカーン演説集』岩波文庫、1957年所収）
Abraham Lincoln, “A House Divided” speech［1858］（エイブラハム・リンカー

ン著、高木八尺・斎藤光訳「分かれたる家は立つこと能わず」『リンカーン演説集』岩波文庫、1957年所収）
Abraham Lincoln, First Inaugural Address［1861］（エイブラハム・リンカーン著、高木八尺・斎藤光訳「第一次大統領就任演説」『リンカーン演説集』岩波文庫、1957年所収）
Abraham Lincoln, Gettysburg Address［1863］（エイブラハム・リンカーン「ゲティスバーグ演説」アメリカンセンタージャパン公式HP https://americancenterjapan.com/aboutusa/translations/2390/#jplist）
Abraham Lincoln, Emancipation Proclamation［1863］（エイブラハム・リンカーン著、高木八尺・斎藤光訳「奴隷解放宣言」『リンカーン演説集』岩波文庫、1957年所収）
James Madison, Letter to Thomas Jefferson［February 4, 1790］（ジェイムズ・マディソン　トマス・ジェファソンに宛てた書簡）
Marbury v. Madison, U.S. Supreme Court［1803］（「マーベリー対マディソン」連邦最高裁判決）｛連邦最高裁が連邦議会または州議会のあらゆる法律の合憲性を審査する権利を確立した判例｝
McCulloch v. Maryland, U.S. Supreme Court［1819］（「マカロック対メリーランド州」連邦最高裁判決）｛合衆国憲法は、明示的に記された政府の権利以外の権利をも、暗黙のうちに政府に与えているとする判例｝
Montesquieu［1748］*The Spirit of the Laws*（モンテスキュー著、井上堯裕訳『法の精神』中公クラシックス、2016年）
George Orwell［1945］"Notes on Nationalism"（ジョージ・オーウェル著、照屋佳男訳「ナショナリズムについての覚書」『全体主義の誘惑 オーウェル評論選』中央公論新社、2022年所収）
George Orwell［1946］"Politics and the English Language"（ジョージ・オーウェル著、照屋佳男訳「政治と英語」『全体主義の誘惑 オーウェル評論選』中央公論新社、2022年所収）
Thomas Paine［1776］*Common Sense*（トマス・ペイン著、角田安正訳『コモン・センス』光文社古典新訳文庫、2021年）
Thomas Paine［1791］*Rights of Man*（トマス・ペイン著、西川正身訳『人間の権利』岩波文庫、1971年）
Karl Popper［1945］*The Open Society and Its Enemies*（カール・ポパー著、小河原誠訳『開かれた社会とその敵』第1巻（上・下）～第2巻（上・下）、岩波書店、2023年）

John Rawls [1985] "Justice as Fairness"（ジョン・ロールズ著、田中成明編訳『公正としての正義』木鐸社、1979年）
Franklin D. Roosevelt, State of the Union Address（"The Four Freedoms"）[1941]（フランクリン・D・ルーズベルト「四つの自由」アメリカンセンタージャパン公式HP
https://americancenterjapan.com/aboutusa/translations/2383/）
Theodore Roosevelt [1910] "The New Nationalism"（セオドア・ルーズベルトの演説「ニュー・ナショナリズム演説」）
Seneca Falls Declaration [1848]（セネカフォールズ会議感情宣言）{投票権など様々な女性の権利を提起した}
David Simon [2002–2008] *The Wire*, TV series（デヴィッド・サイモン原案テレビドラマシリーズ「THE WIRE／ザ・ワイヤー」）
John Steinbeck [1939] *The Grapes of Wrath*（ジョン・スタインベック著、伏見威蕃訳『怒りの葡萄』上・下、新潮文庫、2015年）
Henry David Thoreau [1849] "Resistance to Civil Government"（ヘンリー・デイヴィッド・ソロー著、山口晃訳『一市民の反抗』文遊社、2005年）
Alexis de Tocqueville [1835, 1840] *Democracy in America*（トクヴィル著、松本礼二訳『アメリカのデモクラシー』第1巻（上・下）～第2巻（上・下）、ワイド版岩波文庫、2015年）
Virginia Statute for Religious Freedom [1786]（バージニア信教自由法。アメリカンセンタージャパン公式HP https://americancenterjapan.com/aboutusa/trans lations/2650/）{アメリカ合衆国で初めて宗教の自由と政教分離を謳った法律。バージニア邦議会で可決}
George Washington, Farewell Address [1796]（ジョージ・ワシントン初代大統領の辞任演説）{国外の世界のいかなる部分とも永久的な同盟を結ぶことを避けるよう述べた}
Walt Whitman [1855] *Leaves of Grass*（ウォルト・ホイットマン著、富田砕花訳『詩集 草の葉』第三文明選書、2018年）
John Winthrop [1630] "A Model of Christian Charity"（大西直樹訳「丘の上の町——ジョン・ウィンスロップ『キリスト教的慈愛のひな形』」遠藤泰生編、亀井俊介・鈴木健次監修『史料で読む アメリカ文化史1』東京大学出版会、2005年所収）

## 「コモングッド」ディスカッション・ガイド

本書が、あなたがほかの人たちと集まってコモングッドについて議論するきっかけになることを願っています。以下の質問は、そのような話し合いの指針となるでしょう。

### 第1部 「コモングッド」とは何か

1. アメリカでは「コモングッド」をどのように定義していますか？　アメリカ人は、国旗や国歌のような国のシンボル以外に、何を共有していますか？　これらのシンボルはあなたにとって何を意味しますか？
2. アメリカ人は、納税、陪審員、投票のほかに、国家に対して義務を負っているのでしょうか？　もしそうであれば、それらは何ですか？
3. アメリカ人は利己的で自己中心的だと言う人もいます。また、優しさや勇気ある行動、つまり緊急時の速やかな対応や日常の利他的な行動を指摘する人もいます。私たち（アメリカ人）の国民性を、あなたはどのように表現しますか？
4. アメリカの特徴はときとともに、たとえばあなたの両親が子どもだったころと比べて、変化しましたか？　もしそうであれば、どのように、そしてなぜ変わったのでしょうか？
5. ほとんどの場合、政府は正しいことをしていると信じていますか？　合衆国憲法、権利章典、連邦主義、法の支配など、私たちの政府のシステムを信じていますか？
6. 「コモングッド」への関心とナショナリズムの違いは何でしょうか？
7. 大統領は国家の品格を定めるうえでどのような役割を果たしていますか？

### 第2部 「コモングッド」に何が起こったか

8. 過去40年の間に、アメリカの主要機関、中でも、政府、大企業、銀行、報道機関に対する国民の信頼が急落したのはなぜでしょうか？　信頼の低下につながった出来事や傾向は何でしょうか？
9. アメリカ人は40年前よりも党派的になったように見えます。リベラル派は「左派」に、保守派は「右派」にシフトし、共和党員も民主党員も妥協する意欲が薄れ、誰もが怒りを募らせているようです。なぜこのようなことが起こったのでしょうか？

10. 所得と富の不平等の拡大が影響してきたのでしょうか？
11. 巨額の資金が私たちの政治システムへ流入していることが問題を引き起こしてきたのでしょうか？
12. これら2つ（10と11）は関連していますか？
13. 1980年代以前は、なぜ大企業は株主だけでなく地域社会や従業員に対しても責任を負っていたのでしょうか？　なぜ1980年代以降、大企業は利益と株主還元の最大化のみに注力するようになったのでしょうか？　企業は以前のやり方に戻るべきなのでしょうか？
14. 2016年大統領選挙で二大政党が主張した主要なテーマは、経済システムがトップ層の利益のために「仕組まれている」というものでした。このテーマが2016年に顕著に表れ、それ以前には表れなかったのはなぜでしょうか？　あなたは「仕組まれている」という見解に同意しますか？

**第3部　「コモングッド」は取り戻せるか**

15. 優れたリーダーシップの特徴は何でしょうか？　企業、政府、報道機関のリーダーには、それぞれの組織への信頼を取り戻す責任があるのでしょうか？　もしそうであれば、リーダーはどのように取り組むべきでしょうか？
16. 現代のアメリカ社会では、名誉と恥はどのような役割を果たしているのでしょうか？　理想的には、誰が何に対して名誉を与えられるべきで、誰が何に対して恥をかかされるべきなのでしょうか？　そのような名誉と恥はどのように与えられるべきでしょうか？
17. 気候変動、経済、外国政府からの脅威などの公的な課題について、誰を信頼していますか？　真実を伝える人を信頼するかどうかを決めるときに、どのような資質や特徴を探しますか？
18. 民主主義は人々が共有する現実に依存するのでしょうか、それとも、人々が根本的に異なる事実を信じることで民主主義は機能できるのでしょうか？
19. アメリカ人は、自国の政府や経済がどのように機能すべきかだけでなく、実際にどのように機能するかについても十分な教育を受けているでしょうか？　そうでないとしたら、そのような教育はどのような内容で、いつから始めるべきでしょうか？
20. アメリカ人は市民としての義務を十分に理解しているでしょうか？

もしそうでない場合、誰がこの理解を促す責任を負うべきでしょうか？　親でしょうか？　教師でしょうか？　公務員でしょうか？

21. 私たちには、私たちが信じていることのすべてを裏付ける友人、隣人、インターネット・アルゴリズムという自ら作り上げた「フィルター・バブル」から抜け出す義務があるのでしょうか？　もしそうであるなら、どうすればそれができるでしょうか？　もしそうでないとしたら、私たちは民主主義の効果的な参加者であり続けることができるでしょうか？

22. どのように「コモングッド」を取り戻すことが最善だと思いますか？

## 訳者紹介

**雨宮 寛**（あめみや ひろし）
コーポレートシチズンシップ代表取締役

ESGブック（アラベスクS-Ray）日本代表、RGS日本事業担当、DWMインカムファンズ・ディレクター。コロンビア大学ビジネススクール経営学修士およびハーバード大学ケネディ行政大学院行政学修士。モルガン・スタンレーおよびクレディ・スイスにおいて資産運用商品の商品開発を担当。2006年コーポレートシチズンシップを創業。明治大学公共政策大学院兼任講師。CFA協会認定証券アナリスト。学会「企業と社会フォーラム」プログラム委員。

今井章子氏との共訳書に『あなたのTシャツはどこから来たのか？』ピエトラ・リボリ著、『金融恐慌1907』ロバート・F・ブルナー／ショーン・D・カー著、『暴走する資本主義』『余震（アフターショック）――そして中間層がいなくなる』『ロバート・ライシュ　格差と民主主義』『最後の資本主義』ロバート・B・ライシュ著（以上、東洋経済新報社）など多数。

**今井 章子**（いまい あきこ）
昭和女子大学教授、コーポレートシチズンシップ取締役

ハーバード大学ケネディ行政大学院行政学修士。英文出版社にて外交評論誌の編集に携わる。ジョンズホプキンス大学ライシャワー東アジア研究所客員研究員、政策シンクタンク理事などを経て、現在、昭和女子大学グローバルビジネス学部ビジネスデザイン学科教授。グローバル経済をめぐる社会課題や持続可能性に対する国際社会・政府・企業・市民の動き、課題解決のためのリーダーシップの在り方などについて教育・研究を行っている。また、タンザニア連合共和国アルーシャに設立された全寮制の女子中学校Sakura Girls Secondary Schoolの運営支援も行っている。PHP総研特任フェロー、一般財団法人五常財団理事、一般社団法人キリマンジャロの会常務理事。

雨宮寛氏との共訳書に『あなたのTシャツはどこから来たのか？』ピエトラ・リボリ著、『金融恐慌1907』ロバート・F・ブルナー／ショーン・D・カー著、『暴走する資本主義』『余震（アフターショック）――そして中間層がいなくなる』『ロバート・ライシュ　格差と民主主義』『最後の資本主義』ロバート・B・ライシュ著（以上、東洋経済新報社）など多数。

## 著者紹介

**ロバート・B・ライシュ**（Robert B. Reich）

1946年、ペンシルバニア州に生まれる。ハーバード大学教授、ブランダイス大学教授などを経て、現在、カリフォルニア大学バークレー校ゴールドマン公共政策大学院教授およびブルム開発経済センターのシニア・フェロー。ビル・クリントン政権での労働長官をはじめ3つの政権に仕えたほか、オバマ大統領のアドバイザーも務めた。

著書に*The Work of Nations*（中谷巌訳『ザ・ワーク・オブ・ネーションズ』ダイヤモンド社）、*The Future of Success*（清家篤訳『勝者の代償』東洋経済新報社、2002年）、*Supercapitalism*（雨宮寛・今井章子訳『暴走する資本主義』東洋経済新報社、2008年）、*Aftershock*（雨宮寛・今井章子訳『余震（アフターショック）――そして中間層がいなくなる』東洋経済新報社、2011年）、*Saving Capitalism*（雨宮寛・今井章子訳『最後の資本主義』東洋経済新報社、2016年）など15作がある。

2017年のNetflixオリジナルドキュメンタリー*Saving Capitalism*（『資本主義の救済』）および2013年にサンダンス映画祭ドキュメンタリー部門にて審査員特別賞を受賞した映画*Inequality for All*（『みんなのための資本論』、ジェイコブ・コーンブルース監督）の共同制作者である。市民団体「コモン・コーズ」名誉理事長であり、アメリカ芸術科学アカデミーのフェロー。

コモングッド
暴走する資本主義社会で倫理を語る

2024年10月29日発行

著　者——ロバート・B・ライシュ
訳　者——雨宮　寛／今井章子
発行者——田北浩章
発行所——東洋経済新報社
〒103-8345　東京都中央区日本橋本石町 1-2-1
電話＝東洋経済コールセンター　03(6386)1040
https://toyokeizai.net/

装　丁………橋爪朋世
ＤＴＰ………アイランドコレクション
印　刷………港北メディアサービス
製　本………積信堂
編集担当……茅根恭子

Printed in Japan　　ISBN 978-4-492-44485-6